# すべての成績は、国語力で9割決まる!

## たった5分の言葉がけで、子どもがひとりで勉強しだす秘密

西《にし》角《かど》けい子
ステージメソッド塾代表

ダイヤモンド社

プロローグ

# 子どもは、みんな必ず伸びる！

「子どもの成績を上げるのは、カンタンです。まず、国語を勉強してください」

私が、そう話すと、多くのお母さんが驚いた顔をされ、「うちの子どもは、国語より算数が悪いのです」とか、「理科がまったくダメなんです」という声が聞こえてきます。

そう思われるのも無理はありません。

子どもの成績に悩むお母さんたちは、苦手科目の克服が、成績アップにつながると信じています。

そんな方に、ぜひ伝えたいことがあります。

**子どもに「国語」を勉強させてください。**

「国語のセンスがないのですが、どうすれば身につきますか」

これも、よくいただくご質問です。

国語力をつける第一歩は、センスでも論理でもありません。


**国語力は暗記力でつける!**

ただ、これだけです。


**塾生の5人に1人が学力日本一**になり、**倍率10倍超の超難関公立中高一貫校に6年連続地域一番の合格実績。**片道3時間かけて通った小学生もいる個人学習塾の「ステージメソッド塾」。

そこで起こったエピソードの数々や独自の「ニシカド式勉強法」を紹介した前著『子どもの成績は、お母さんの言葉で9割変わる!』を刊行したのは、2010年3月でした。

順調に版を重ねた前著は、たくさんの方々が手に取ってくださり、日本各地で講演するチャンスをいただきました。そこでは、さまざまな方との出会いがありました。

特に共感していただいたのは、私が「カリスマ塾長」といわれながら、愛する息子を中学受験に失敗させた母親劣等生としての体験談でした。

私はこの〝事件〟から、それまで息子にかけ続けてきた否定的な言葉の数々が、子どものやる気をそぎ、自信を奪ってきたことに気づきました。お母さんが子どもにかける言葉の影響力の大きさを痛感し、言葉には可能性を伸ばす**「はぐくむ言葉」**と可能性を止める**「つみとる言葉」**があることを体感したのです。

私の「ステージメソッド塾」は、兵庫県西宮市にあります。大阪と神戸のほぼ中間に位置し、となりに芦屋市がある全国でも教育意識の高い街です。最寄駅である阪急電鉄の西宮北口は通称「ニシキタ」と呼ばれ、駅前から大手学習塾が立ち並ぶ、日本有数の進学塾の激戦区として知られています。

私が「ステージメソッド塾」を開いて7年。あっと驚くようなドラマが起こりました。

入塾当時、**普通の成績だった子どもが、次々に「全国トップクラス」**の成績に育ったり、**全国版学力テストの国語、算数、英語で「学力日本一」**になったり、中学2～3年の塾生が**偏差値74**に伸びました。

その秘訣は、**「国語力」**です。

それを知るだけで、お母さんは悩みから救われます。

「国語力」がつくと、成績は右肩上がりに急上昇し、予想外の成果を挙《あ》げますが、「国語力」がなければ成績は低迷したままです。

**「すべての科目の要は、国語力にある」**のです。

ほとんどのお母さんが、日々の家事や仕事に追われながら、「子どもの成績を伸ばしたい」と願いつつも、時間が取れずに悩んでいます。

2人の子どもを育てた先輩ママの私が実感することは、

「お母さんたちは忙しい……」

では、どうすれば、その悩みが解決するでしょうか？

その答えは、**1日、たった5分。**

**子どもの国語の暗記を応援するだけ、**でいいのです。

そうです。それだけで子どもは放っておいても、ひとりで勉強しはじめます。

1日、たった5分。

そこから奇跡は起こります。

「国語力」は、**「読むチカラ」**と**「書くチカラ」**でできています。

それが、自分の考えや気持ちを言葉や文章で**「表現するチカラ」**に育ち、子どもが将来、社会を**「生き抜くチカラ」**になると、私は信じています。

それはすぐに身につくものではありません。大切なのは、毎日の積み重ね。

毎日5分で、親子が楽しみながら、ずっと続けていける勉強法――それが、「ニシカド式勉強法」です。

この本には、お母さんが1日5分、**子どもに関わるだけで、子どもがひとりで勉強をしはじめる秘訣**が詰まっています。

第1章では、「国語力」をアップさせるメカニズムをわかりやすくまとめました。

第2章では、子どもの成績が急上昇した暗記法を紹介しました。

第3~4章にかけては、子どもがひとりで勉強しだす独自の「ひとりde学習シリーズ」のドリルを収録しました。すべての漢字にルビが入っています。

第3章では、クイズのように楽しんで解ける「かなづかい編」などをまとめ、第4章では誰でも親しめるような『ごん狐《ぎつね》』などの読解問題を収録しました。

第5章では、「作文が面白いようにスラスラ書ける5つのミラクルポイント」を初公開しました。

子どもたちが歓声をあげ、楽しく学習しながら、学力向上につながれば、これほどうれしいことはありません。

子どもの笑顔は、お母さんの喜び。それは、家庭の幸せにつながります。

どうか、この本がたくさんの奇跡を起こしますように――。

もくじ
# すべての成績は、国語力で9割決まる！



第1章
## すべての成績は、国語力で9割決まる！

第2章

# 国語は「暗記」です！

第3章

## 「1日たった5分の言葉がけ」で、子どもがひとりで勉強しだすニシカド式国語攻略法

第4章

## 全国版学力テストで塾生の8割が“全国トップクラス”になった！「読解力アップ」のコツ

第5章

## 作文が面白いようにスラスラ書ける5つのミラクルポイント

# マンガ「ニシカド式勉強法」は、こうして生まれた！

そして受験を終え合格発表の日!!!
ない…!
13
024
031
050
059
060
075
097
113
116
056
でも…その年の公立中高一貫校受験で私の塾の合格率は驚きの
50%達成
またたく間にステージメソッド塾の噂は広がりメールや電話が殺到!!!
RRR…
PiPi
PURRR.
はい!!
塾長として、こんなにうれしいことはありません
しかし…息子のことを思うと複雑でした
絶対合格する自信があった息子を落とした!
私のカリキュラムのどこが悪いの!
息子の顔をまともに見られずひとりでこっそり涙することもありました
私は、受験に合格した塾生の母親と話すうち、一つの考えにたどりつきました
先生!! ありがとうございました
応援してるよ!
勉強できてるね!
おはよう。
信じてるよ!
大丈夫!
子どもを伸ばすお母さんは"言葉がけ"がちがったのです
なんでできないのッ
も〜ダメ
あなたにいくらかかってると思ってんの〜!
早くしなさいよっ
あの子に関わらないで!
あと1か月しかないよっ
勉強しなさい!
あっちいっててよ〜!
私だ…
原因はカリキュラムじゃない!
お母さんの言葉がけの大切さに気づいた私は、保護者セミナーや講演会でもその大切さを伝えています
子どもの成績
お母さんの言
9割変わる

講演会のあと、参加者の方から、よくこんな質問をされます
自分の子でも精一杯なのに…
ニシカド先生はどうして他人の子にそんなに一所懸命なんですか？
お答えします!
先生のお母さんはとても教育熱心だったそうですよ
小3のとき母にすすめられ近所の英語教室へ通いはじめました
Mr.Roy! I like an apple.
GOOD!
Pencil
Apple
Elepha
ニシカド：小3
そして…4年後
ニシカド：中1
やったあ!
明日から英語
どんな先生が教えてくれるのかなあ〜
ある英語の授業でのことです
This is a pen
え——…
ジスイズア…
!!
ハチロー先生
これは英語じゃない!!!
ジ…ジスッ?
先生の発音ヘン
英語教室のMr.ロイから教えてもらった発音とちがう!
こっちが外国人の発音!!!
外国人の発音をマネしていました
This is a pen
うわあ〜
カッコいい〜
すると突然!!!
ハチロー先生キレる
なんでワシの言うとおり発音せ〜へんねん!!!
あとで職員室へこい!

なんで私だけ…発音の練習なん？ちがう…イヤや!!!
ヒヒヒ…
じ…じす…
あの生徒…どうしたん？
もう1回!!
ワシの言うとおりジス・イズ・ア・ペンやろ!!
さあ…
チャイムが唯一の救いでした
キンコンカン…
ひいやあああ
私の何がいけないの？
教室でも立ち直れず…
わいわい
そして…ついには登校拒否
出席日数が足りず第2志望の高校へ通うことになったんだ…
くやしかった〜
どの科目にも自信を失っていた、高1の春
あ〜試験の結果…イヤだな
ニシカド：高1
おー93点!!!よくできてるぞ！
苦手だった地理がなんと予想外の点数!!!
この人！地理のコロボックル先生!!
40点の地理をぐ〜んと伸ばしてくれたんだ！
授業はこのプリントですすめるぞ〜
しっかりせえよ〜!
もしや…これが
幻《まぼろし》のレジュメでは？
忍
秘

地図やイラスト…
先生手づくりの
的《まと》を射《い》たレジュメ!!
要点がわかりやすくって適度に記述形式なんだね
きっとまぐれだよ 93点なんて
ちょっとできただけ
でも…
マイナスの自分には戻りたくない!!
これまでと何がちがったんだろう…とことん勉強していきました
NO.12
読む
書く…
すると…少しずつですがほかの科目も成績が上昇!!!
数学 88
英語 96
国語 92
地理 99
ほとんど100点満点ようやったな〜
そうか!!! 声に出して読み書きすればいいんだ!!!
わかる!!
よかったぁ〜前向きになれて
ニシカド式暗記法の基礎はここだったんだね
いつも100点の英語が18点に下がり、40点だった地理が99点に上がる
UP
DOWN
子どもの成績って先生で変わるんだ!!!

# 「国語力」は「暗記力」でぐんぐん伸ばそう！

# 第1章

# すべての成績は、国語力で9割決まる!

# 国語力が伸びると、ほかの科目も一気に伸びる！

「国語を勉強してください。すべての成績がアップします！」

私の塾では、小学生への指導を「国語」に絞って、暗記法に力を入れています。すると入塾前は、普通の成績だった子どもの8割が、入塾後**全国トップクラス**に、全塾生の2割にあたる子どもたちが、**2年連続学力日本一（全国1位）**に輝きました。過去2年間の学力日本一の実績は、国語7名、算数3名、英語（中学生）4名。また、地元の超難関公立中高一貫校にも、**6年連続地域No.1の合格実績**を出しています。

「全国トップクラス」「学力日本一（全国1位）」というのは、私の塾が採用している教材会社の学力テストの判定によるものです。それは、全国の学習塾に通っているたくさんの生徒たちが、同時に受験しているテストです。

成績の評価基準は、毎回難易度によって若干変わりますが、目安は、80点以上――全国上位20％以内、90点以上――全国上位5％以内、１００点――日本一（全国1位）です。

この教材会社の判定では、おおむね、「80点以上が全国トップクラス」になるようです。

他塾の多くがおおよそ60～70点、順位では、上位１００位以内を目標に参加しているなか、教材会社の方から**「西角さんの塾のような実績はほかに類がない」**と驚かれました。

「日本一になる子って、元々優秀なお子さんのことで、うちの茉優《まゆう》には関係ないと思っていました」

小学5年の12月、全国版学力テストで、**「国語日本一」になった大内《おおうち》茉優《まゆう》さん**のお母さんは、保護者セミナーに参加したとき、そう思ったそうです。

その日、茉優さんのお母さんは、最前列に座り、真剣に話を聞いてくださいました。

その様子から、お母さんの教育への熱い想いが手に取るように伝わってきました。

「よいお母さんですね。お子さまのためにがんばっておられますね」

私がそう伝えると、茉優さんのお母さんは、急にポロポロと大きな涙をこぼし、「先生、ありがとうございます……」と泣き出されたのです。

## その場に正座をして、「あの塾に通いたい！」

当時、小3だった茉優さんは、隣の席で泣いているお母さんをじっと見つめていました。

その後、茉優さんは誰も予想しなかった行動を取りました。

お母さんがいつものように夕食の準備をしていると、茉優さんがそばにやってきて、

「お母さん、あの先生のところに通いたい。私、がんばるから！　お願いします」

と言うと、次の瞬間、**その場に正座したかと思うと両手をつき、深々と頭を下げてお願いをした**のです。

お母さんは言葉を失いました。

「『国語力』をつけることは、大切なこと」――その考えに共感した茉優さんのお母さんでしたが、入塾には否定的だったからです。

茉優さんの家から私の塾まで、片道1時間以上もかかること。夫婦共働きなので、塾までの送り迎えができないこと。月々の月謝も気になりました。

お父さんが反対したことも、大きな理由の一つでした。元々、体が丈夫ではなかった茉優さんを心配したからです。

でも、生まれてはじめて取った茉優さんの態度に、お母さんの心が揺れました。

そして、しばらく考えて、

「茉優の想いを応援しよう……」

と決めたそうです。

それから茉優さん自身からお父さんに気持ちを伝えさせたり、送り迎えをおじいちゃんとおばあちゃんにお願いしたりしながら、お母さんは茉優さんをサポートしていきました。

そして最後に、お母さんは茉優さんと約束しました。

「茉優、自分が一度やると決めたからには、最後まで責任を持って続けようね」と。

## 国語日本一&通知表の9割近くが3段階評価で最良の「よくできる」に

私は最初、この話が信じられませんでした。どうして小3の子が正座をしてまで、お母さんに塾通いを懇願したのだろうか。

茉優さんのお母さんに、そのときの茉優さんの様子を確認したところ、お母さんも首をかしげながら、

「よくわかりません。そのときの茉優の気持ちを尊重してやりたかったので、深く追求しなかったように思います」

ということでしたから、私はお母さんの了解を得て、茉優さんに直接理由を聞いてみたのです。茉優さんは少し照れくさそうに、

「保護者セミナーの日、西角先生の前で、お母さん、泣いてたから……。お母さんの涙、はじめて見た……。だから、お母さんのためにがんばりたいと思ってん。この先生やったら、私もできるかもしれへんなって思った」

彼女の言葉が、ストンと腹に落ちました。

きっかけは、やっぱりお母さんだったのです。

茉優さんの言葉を、お母さんに伝えると、

「私は、それまで子どもの前で一度も泣きませんでした。私が涙を見せちゃいけないと思って、どんなことがあっても、ずっと我慢してきましたから」

茉優さんは、その想いを敏感に感じ取ったのでしょう。

茉優さんは、お母さんとの約束を守り、塾にはいつも早めに来て自習し、暗記をくりかえしました。

その後、当塾採用の全国版学力テストで100点満点を取り、**「国語日本一」**に輝いたのです。

お母さんが泣いたセミナーから、1年8か月後のことでした。

このことからも茉優さんが、お母さんの応援でやる気を起こし、国語を勉強することで、ほかの科目の成績も上がった理由がわかります。

に見えます。

「国語日本一」になった茉優さんは、学力だけでなく、精神的にもずいぶん成長したよう

現在では、小学校のテストでも、毎回のように100点が取れるようになっています。それには、算数や社会など、いままで苦手だった科目も含まれており、結果、**通知表の9割近くが、3段階評価で最もよい「よくできる」になりました。**

入塾したばかりの頃は、おとなしくて自分に自信がなく、勉強のしかたにもムラがありましたが、いまは何があっても、ひまわりのような明るい笑顔に自信と努力を備えて、学習にチャレンジしていきます。学校の先生からも、

「ずいぶん積極的に発言するようになりましたね」

と言われたり、お母さんに感謝の言葉も伝えたりするそうです。

茉優さんには、将来、国際社会で活躍したいという夢があります。

茉優さんは「国語力」がついて、すべての科目の成績が上がっただけでなく、**人間としても大きく成長した**のです。

# あかりさんが一気に伸びた理由

小学生でつけた「国語力」は、中学、高校に進むにつれて、その威力を発揮します。それを証明してくれたのが、**中3の高橋あかりさん**でした。彼女には、将来、英語を活かす仕事に就いて、活躍したいという夢があります。

あかりさんが私の塾で国語を勉強しはじめたのは、小5の2月。英語教育に力を入れる公立中高一貫校に入学して、夢に向かって勉強したいという気持ちからでした。

私は、彼女に大きな可能性を見出しました。

**「あなたは伸びる。大きな伸びしろがあるから」**

そう励ましながら、受験までの1年間、「国語と作文」を鍛えたのですが、残念ながらあと一歩のところで不合格。志望校の公立中高一貫校は、入試課題が「作文」と「面接」で、合格ラインがわかりにくい超難関校です。

あかりさんの励む姿を見ていた私は、悔しい気持ちでいっぱいでした。

でも、これは終わりではなく、新たなはじまりだったのです。

**あかりさんが一気に伸びたのは、このあとでした。**

中学受験が終わると、塾で切磋琢磨した子たちが「合格」と「不合格」に分かれてしまいます。

不合格の子は、どうしても塾から足が遠のきます。公立の中学校に入学が決まったあかりさんも、しばらく塾を休んでいました。あかりさんのお母さんは、

「このまま塾を続けるのは、もう難しいかな」

と思っていたそうですが、お父さんの考えはちがったそうです。

「公立中高一貫校に落ちたとき、西角先生がまるで自分のことのように悔しがってくれた。塾に通うなら、先生のところがいい」

お父さんの言葉に背中を押されたお母さんは、私に電話をくださり、あかりさんが再び塾に顔を見せてくれたのは、中1の夏でした。

## 「国語力」でリベンジ！中学受験失敗から偏差値74へ

「リベンジ合格！」――これが、あかりさんと私の合い言葉になりました。リベンジは「報復」という意味ですが、あえて**「再挑戦」**と解釈し、高校受験の合格を誓いました。

**「あなたは絶対に高校受験で花開くから！」**

私は彼女に声をかけ続け、指導しました。

あかりさんは中学クラスでは、特に目立ちませんでしたが、中2から成績が急上昇していきました。

まず、全国版学力テストの**国語の偏差値が74**になりました。

彼女はお父さんの影響を受けたのか、無類の読書好きでした。それも活かされたのでしょう。小6から積み上げた国語力が開花しだしました。

中3になると、すぐに**英語の偏差値も74**に上がりました。

他社の模擬テストでも、国語や英語で偏差値70を超え、常に成績優秀者として名前が掲載されるようになりました。

順風満帆の成績に見えたあかりさんでしたが、中学受験に失敗したからでしょうか。あかりさんは、自分を信じていませんでした。

塾内トップの成績の彼女が志望した高校は、実力よりかなり下だったのです。

自分がどうしても行きたい高校ならそれでもいいのですが、自信がないまま安全圏の志望校に決めるのは、もったいないことです。そこで私は、

「模擬テストで志望校ランクの判定をしてみませんか?」

とご両親とあかりさんに提案してみました。

私が第一志望にすすめたのは、東京大学・京都大学に毎年数多くの合格者を出す偏差値68の兵庫県下の名門公立高校。あかりさんが志望した高校よりも2段階上のレベルでした。模擬テストの判定は6段階。「合格圏Ⓐ」「合格圏A」「可能圏B」「可能圏C」「努力圏D」「再検討E」に分かれています。

あかりさんの判定は、4月のテストで上から2番目の「合格圏A」判定、合格率は80%。

「実力がついているのが、わかったでしょう」

と私が言うと、彼女はニコッと笑って、小さくうなずきました。

「いままでよりも勉強に対して、もっとエンジンがかかってきました。目標がはっきりしたからだと思います」

お父さんは最近のあかりさんの様子を、そう表現されました。

あかりさんはいま、地に足をつけて、着実に高校受験の準備をしています。

## 「新学習指導要領」に変わったいま、わが子のためにできること

2011年春、文部科学省の学習指導要領が新しくなりました。

小学校では、2011年4月から教科書が変わり、中学校でも2012年4月より改訂されます。これによりマスコミで騒がれた「ゆとり教育」が事実上なくなります。

学校では、授業の時間と学習内容が増えたので、保護者の方々は授業のレベルアップを

期待されています。

でも、最近、驚くくらい子どもたちの基礎学力低下の場面に直面することが増えています。

残念なことに、ほとんどの保護者の方は、その現実に気づいていません。多くの子どもたちが学校の授業以外の学習——自宅でできる通信教育やドリルなどの学習教材に取り組んだり、塾通いや家庭教師についたりしながら、学校から帰宅後も学習しています。

学校外で学び続けることは成績アップの一つの方法ですが、すべての子どもたちに十二分な知識が身についているかというと、首をかしげたくなります。

私の塾に、はじめて全国版学力テストを受けにくる小学高学年から中学生のほとんどの子どもたちは、学年相当の基礎知識がありません。それを見極めずに難易度を上げた勉強をしても、子どもたちが苦しいだけです。

指導者は、指導法に創意工夫が求められています。

子どもたちが理解しやすいように、いったん難易度を下げて教えながら、あとで一気にレベルアップしていくなど、工夫やテクニックが必要です。

小４から大手塾に通い、難関私立中学の受験準備を進めてきたのに、小２レベルの漢字や送りがなの多くが身についていなかったＹさんはつらそうでした。

基礎学力がないまま、応用や発展問題などの難問に取り組んだため、混乱している子に出会うたび、胸が痛みます。

## なぜ、３か月間で偏差値が25も伸びたのか？業界でも驚異的！

「中学受験の準備をはじめたい」とのご相談で、Ｓくんがお母さんと私の塾にやってきたのは、小６の5月下旬のこと。

テニスが好きな彼の夢は、将来、テニスの４大国際大会の一つであるウィンブルドンに出場して、センターコートで試合をすることでした。

真面目で純粋、人の話を素直に聞ける笑顔のかわいいＳくんは、やる気にあふれていましたが、それまでテニスに時間を割きすぎて、まったく勉強していませんでした。

Sくんの学力チェックをすると、驚くような問題点がいくつも出てきました。

作文は字が乱雑で、小学生で習う低学年レベルの漢字が書けなかったり、送りがながまちがっていたり、文章も箇条書きでした。

極めつけは、カタカナを忘れており、「ヌ」が書けなかったのです。

次に、学力テストを受けてもらうと、結果は、**国語100点満点中24点、偏差値29。**私にとっても予期しない困難な状況でした。


本人にいくらやる気があっても、受験日まで9か月を切った段階で、小学低学年の基礎学力がなければ、超難関校への合格は不可能でした。時間が足りませんでした。


「残念ですが、間に合わないかもしれません」

私がそう話すと、お母さんは、ただ一所懸命に、

「子どもの意志や夢が明確なので、親は応援すると決めています。できることは努力を惜しまずにやりますので、結果はどうであれ、子どもの学力をつけるためにもお願いできませんか？」

とおっしゃいました。

「絶対、がんばります！」

と言うと、Sくんは、にっこり笑って、ペコリとお辞儀をしました。

Sくんは、約束を守りました。それまで全力を注いできたテニスを休み、一心不乱に勉強しはじめたのです。

字はきれいに書くように心がけ、漢字や言葉の意味を次々に暗記していきました。毎回早く来たり残ったりしながら、塾での学習時間を増やしていき、読解力を鍛えていきました。作文も短いながら、必ず提出しました。

すると、9月の全国学力テストの結果、国語72点、偏差値54。前回よりも48点アップ、**偏差値も25上がりました。**

東京で有名私立女子中学の合格を専門に指導するプロ家庭教師から、**「約3か月間で25の偏差値アップは、業界でも驚異的だ」**と言っていただけるほど、Sくんはがんばったのです。

同時期に、以前は30～40点前後だった小学校のテストが、**全科目でほぼ100点が取れるようになっていました。**

私は、Sくんの指導で、「国語力」がすべての科目に好影響を与えることを痛感しました。

でも、中学受験の結果は不合格。あと一歩で届きませんでした。Sくんのがんばる姿は、周囲に大きな感動を与えました。

しかし、「もっと時間があれば……」とか、「もう少し早く国語力をつけていれば、合格できたかもしれない……」と、指導者として悔やんでしまうケースでした。

子どもの「国語力」が身につくと、次のような段階で成績が上がりはじめます。

①文章を読んで、内容が理解できるようになる
②算数や社会、英語など、すべての科目の教科書を読むことに抵抗がなくなる
③教科書に書かれた重点や問題点などのポイントが見えてくる
④テストで高得点が取れて、自信がつく

⑤子どもが自分から勉強したいと思うようになる。まず、自分の好きな科目から成績が上がりはじめて、全科目の成績アップにつながっていく

## 「国語力の現在地」のチェックリスト

「国語力」とすべての科目の成績は、切っても切れない関係です。国語の成績を上げるために、いますぐできることが一つあります。

それは、子どものいまの国語力をチェックすること。

カタカナは書けるか。漢字力は何年生レベルか。文章を読めるか……。

これは、私が目安にしている**子どもの「国語力の現在地」のチェックリスト**です。

子どもと一緒に楽しみながら、次の問題ができるかどうかチェックしてみましょう。

## 小学低《しょうがくてい》・中学年《ちゅうがくねん》レベル

### 漢字《かんじ》

□①数字《すうじ》の1～10、100、1000を漢字《かんじ》で書《か》けますか?

□②「○曜日《ようび》」をすべて漢字《かんじ》で書《か》けますか?

□③「かお・め・みみ・はな・くち」を漢字《かんじ》で書《か》けますか?

### かな

□①「おこづかい」と「おこずかい」正《ただ》しいのはどちらですか?

□②「かならず」を漢字《かんじ》と送《おく》りがなに正《ただ》しく直《なお》せますか?

□③「ぼくの　犬《いぬ》は　とても　かしこい。」この文《ぶん》の主語《しゅご》と述語《じゅつご》はどれですか?

### 言葉《ことば》

□①「改善《かいぜん》」の同意語《どういご》(同《おな》じ意味《いみ》を持《も》つ言葉《ことば》)が書《か》けますか?

□②「登校《とうこう》」の反対語《はんたいご》(反対《はんたい》の意味《いみ》を持《も》つ言葉《ことば》)が書《か》けますか?

□③「言《い》う」の尊敬語《そんけいご》は何《なん》ですか？

**読《よ》み取《と》り**

□136ページの読解問題《どっかいもんだい》『ごん狐《ぎつね》』を、集中力《しゅうちゅうりょく》を途切《とぎ》れさせずに最後《さいご》までひとりでできますか？

## 小学高学年《しょうがくこうがくねん》レベル

**漢字《かんじ》**

□①「物事《ものごと》がすっかり終《お》わる」という意味《いみ》の「かんけつ」が漢字《かんじ》で書《か》けますか？

□②「学問《がくもん》をおさめる」の「おさめる」を漢字《かんじ》で書《か》けますか？

**かな**

□①「短い」「身近」「地面」のかなづかいを正《ただ》しく書《か》けますか？

□②「うけたまわる」を漢字《かんじ》で書《か》けますか？

言葉《ことば》

□「一陽来復《いちようらいふく》」とはどういう意味《いみ》ですか？

読《よ》み取《と》り

□152ページの読解問題《どっかいもんだい》『セロ弾《ひ》きのゴーシュ』を、集中力《しゅうちゅうりょく》を途切《とぎ》れさせずに最後《さいご》までひとりでできますか？

作文《さくぶん》

□字《じ》はきれいに書《か》けますか？

□漢字は正しく書けますか？

□作文用紙《さくぶんようし》の正《ただ》しい使《つか》い方《かた》は知《し》っていますか？

**解答《かいとう》 小学低《しょうがくてい》・中学年《ちゅうがくねん》レベル**

漢字《かんじ》 ①一二三四五六七八九十《いちにさんしごろくしちはちきゅうじゅう》、百《ひゃく》、千《せん》 ②月火水木金土日《げっかすいもくきんどにち》 ③顔《かお》・目《め》・耳《みみ》・鼻《はな》・口《くち》

かな ①おこづかい ②必《かなら》ず ③主語《しゅご》「犬《いぬ》は」 述語《じゅつご》「かしこい」

言葉《ことば》 ①改良《かいりょう》 など ②下校《げこう》 など ③おっしゃる

**解答《かいとう》 小学高学年《しょうがくこうがくねん》レベル**

漢字《かんじ》 ①完結《かんけつ》 ②修《おさ》める

かな ①「みじかい」「みぢか」「じめん」 ②承《うけたまわ》る

言葉《ことば》 物事《ものごと》が回復《かいふく》することのたとえ

作文《さくぶん》 「作文《さくぶん》がみるみるうまくなる5つのミラクルポイント」（→183ページ）を参考《さんこう》にしてください。

いかがでしたか？　もし、できていないところがあったら、

「どうしてできないの！」

と叱る前に、ちょっと立ち止まってみてください。

**そして、「できない」理由や原因を一緒に考えてあげてください。叱るのではなく、子どもの心に寄り添うことが一番先です。**

私には、そんな子どもの気持ちが本当によくわかります。いま、悩み苦しんでいる子ど

もたちと中学時代の私がぴたりと重なるからです。

## 「〝ジス　イズ　ア　ペン〟って言ってみろ!!」——不登校児だった私

「〝ジス　イズ　ア　ペン〟って言ってみろ!!」

13歳の私に突き刺さりました。

これは、私の中1当時の英語担当だったハチロー先生の言葉です。いまでも忘れることができません。

いま振り返ってみると、私が「先生が子どもの人生を大きく変える」と気づいた体験でした。

私は小3から、近所の英語教室に通っていました。外国人講師とのマンツーマンのレッスンは、幼い私に外国への憧れをかきたてました。そして、将来は英語の先生になりたいという夢が芽生えていました。

中学生になれば、もっと英語ができるんだ——胸を躍らせて中学に入学した私の思いは、最初の英語の授業で、英語担当のハチロー先生によってあっさり打ち砕かれました。

「ジス　イズ　ア　ペン」

ハチロー先生の発音は、いままで聞いた外国人講師の「This is a pen.」とは、あまりにもかけ離れていたのです。

「これは英語じゃない！」

そう直感した私は、ハチロー先生の発音をマネずに外国人の先生の発音を意識して、英語の勉強を続けていました。それが、ハチロー先生の逆鱗《げきりん》に触れたのです。

「なんで私の言うとおりに発音しないんだ！　お前、生意気やぞ。ちょっとこい」

職員室に呼び出された私は、そのまんなかに、ポツンとひとりで立たされ、

「〝ジス　イズ　ア　ペン〟って言ってみろ！」

とハチロー先生に怒鳴られました。

青天《せいてん》の霹靂《へきれき》——晴れた空に突然鳴りわたる雷のように、私には、思いがけなく突然に起こった大事件でした。怖くて、ほかの先生たちに助けを求めるように見回しましたが、誰ひとり視線を合わせてくれません。

私は、あまりの恐怖にふるえながら、

「ジス　イズ　ア　ペン……」

と発音しました。

そして、次の授業開始のチャイムに助けられ、私は職員室から飛び出しました。

この事件で、学校の先生にすっかり失望した私は、中学での授業をずっとうつむいて受けるようになりました。その後、一時期登校拒否になりました。

高校受験では、出席日数が足りずに、第一志望の公立高校には入学できませんでした。

ただ、時間だけがすぎていきました。

## 地理で覚えた暗記の大切さ

私が高1のとき、すべり止めで入学した高校で、転機が訪れたのです。

あだ名が「コロボックル」という地理担当の先生がいました。

足が少し不自由な温かい雰囲気のコロボックル先生は、授業がはじまると決まって、授業の要点のほか、語句の解説や穴埋め問題を記したＢ４サイズの「レジュメ」を配付されました。

手づくりの「レジュメ」に沿って熱心に進めるコロボックル先生の授業は、地理嫌いな私を変えました。

あれは、２学期の中間テストでした。

「どうせ、また40点くらいだろう」

と、私はあきらめ半分で答案を受け取りました。

でも、結果はなんと93点。それまでの地理のテストで、最高得点だったのです。

「これは、何かの間違いだ！」

キツネにつままれたような感覚で、計算し直したのですが、点数は変わりません。

「どうしてこんな点数が取れたのだろう……」

私は不思議でしたので、今回の勉強のしかたを分析してみました。

それまでは地理の授業が嫌いでしたから、テスト前に地理の教科書をざっと黙読したり、重要語句を書き写したりする程度でした。

けれども、今回はコロボックル先生の「レジュメ」の文章を、**声に出してくりかえし読んで、声に出してくりかえし書いた**だけです。そうやって暗記していきました。

「そうか！　いい点数を取りたかったら、**声に出して読んだり、書いたりしながら、暗記すればいいんだ！**」

大きなひらめきでした。

でも、「まぐれかもしれない」という疑いが襲いかかります。

たった一度、点数が上がったくらいでは、自分をカンタンに信じられなかったのです。

私は、登校拒否をしていたことや高校受験の失敗経験に傷ついていました。

## 地理も国語も声に出して攻略！先生が子どもの人生を大きく変えた

私は、次の地理のテストに賭《か》けました。

今度はレジュメに頼らず、私流のやり方を試すことにしました。

たとえば、「季節風」について学習するとき、以前なら覚えるのはキーワードだけでしたが、**すべて短文にしてから暗記した**のです。

①季節風とは「モンスーン」ともいう
②季節によって決まった方向に吹く風
③日本の場合、夏は太平洋から日本海に向かって吹く
④冬は逆になり、日本海から太平洋に吹く

私はこれを続けるうち、

「まるで国語の勉強と同じだな。漢字の意味や詩の暗唱をしているようだ」

と感じました。

## 「文章は声に出して読む。声に出して書く」

いま振り返ると、「国語」の暗記法の基本を、知らないうちに実践していたのです。

目で見るだけでなく、耳からも情報が入ってくるので、暗記は効率よく進みました。そうすることで、ふだんよりも集中力が長く続くように感じたのです。

すべてが手探りでした。私流の暗記法で、テスト準備をカンペキにした私は、テストが

待ち遠しくて、しかたありませんでした。

そして、いよいよ地理のテストの日。一心不乱に取り組んだあと、爽快感がありました。私にとって、はじめての感覚でした。

後日、テストが返ってきました。結果は99点。応用問題でミスをして1点減点されただけ。悔しがる私に、コロボックル先生は、

「ほとんど100点。よくがんばったね」

と声をかけてくださいました。

「私にもできた！ やればできるんだ‼」という気持ちが私を大きく変えました。

それがきっかけになり、その暗記法のおかげで、ほかの科目の成績も徐々に伸びていきました。

勉強する楽しさを教えてくれたコロボックル先生と、登校拒否にまで追い込んだハチロー先生。私はこの2人の先生から多くのことを学びました。

**「先生によって、子どもの人生は大きく変わる」**

私が子どもたちを指導するときに、いつも心にとめていることです。まさに、私自身が身をもって経験したことだからです。

# 勉強で悩む子の成績アップに強力な暗記法

私は大学卒業後、某大手電機メーカーに入社しましたが、どうしても指導者になりたい思いがあふれて抑えられなくなり、思い切って会社を辞め、この道を歩きはじめました。

一番はじめに、この暗記法で成果を挙げたのは、私立大附属の中高一貫校に通う**トモコさん**です。

中1の11月から英語の指導をはじめました。

英語担当の先生が嫌いで、英語の勉強をやめていたトモコさんは、英語のテストが100点満点中40点台でした。

それが3か月程度で82点に上がりました。

その後、英語検定の受験をすすめたところ、中1〜中2にかけて、5級〜準2級までの4つの級に一気に合格しました。

また、暗記法を苦手意識の強かった28点の歴史にも応用し、次の期末テストでは92点に上がりました。

**中3のアカリさん**も、英語担当の先生と馬が合わずに、悩んでいたひとりでした。

この暗記法を指導した結果、80点台ギリギリだった英語が、常に100点になりました。

同じく80点台だった国語や数学も、ほぼ毎回100点を取るようになりました。

英語、国語、数学の3科目の合計点が297点。

社会のテストでは、中間から期末テストまでの**約1か月間で、36点から99点**になりました。

水を得た魚のように自信をつけたアカリさんは、西宮市の姉妹都市であるアメリカのワシントン州のスポーケン市に、**市の交換生として代表選抜**され、約2週間のアメリカ滞在を体験しました。

**中3のアヤカさん**は、県内の理科の模擬テストで**兵庫県10位以内に入り、成績優秀者として名前が公開**されるなど、多くの子どもたちが競って成果を挙げていきました。

「効果の出る暗記法を覚えて、学習する喜びを感じてほしい」

私は、勉強に悩む子どもたちのために、ただ一心に独自の暗記法に改良を重ねていきました。

では、どうすればその暗記法が身につくのか、次の章で紹介していきます。

# 国語は「暗記」です！

## くりかえさなければ、絶対に伸びない！

子どもたちは、暗記法を身につけた瞬間、放っておいても、ひとりで勉強しはじめます。

私が子どもたちに教える手順は、わが子にくりかえし教えた歯みがきやトイレ・トレーニングに似ています。

思い出してみてください。お子さまが赤ちゃんだった頃を――。

赤ちゃんから幼児への発育過程で、お母さんは子どもがひとりで日常生活をすごせるように、いろんなことを子どもに教えていきます。勉強することや暗記法も、特別なことではなく、そのうちの一つです。

たとえば、歯みがき。最初はお母さんがみがいてあげてから、歯ブラシに慣れさせて、その後、幼稚園から小学生にかけて、子どもが少しずつ、自分でみがけるようにしていきました。トイレ・トレーニングも同じです。

**毎日続ける**こと、子どもに習慣化させることが大切です。最初はできないのが当然なので、最初からすべてをひとりでやることを求めると、負担が大きすぎます。開始から最終段階まで、ひとりでできるようになるまで、ていねいに気長に進めましょう。**大事なことは、「くりかえし」**です。

拙著『子どもの成績は、お母さんの言葉で9割変わる！』で、**「まっくろ大作戦」**という暗記法を紹介しました。

この章の後半でも紹介しますが、「ニシカド式勉強法」では、「くりかえし」にポイントを置いています。

「まっくろ大作戦」は、声に出して漢字を読みながら、**漢字の「トメ」「ハネ」「ハライ」を意識して、正確にノートがまっくろになるまで書き取る勉強法**です。

これまで多くの子どもたちが、この方法で「全国トップクラス」や「学力日本一」になってきました。

私の塾では、いままで「学力日本一」や「超難関校への合格」を達成した子のなかで、**暗記法を身につけずに成功した子はいません**。

小さい頃から、「くりかえし」を身につけさせることは、子どもにとって大きな財産になると信じています。

## 子どもはお母さんのために、勉強している

子どもが暗記法を身につけるうえで、「くりかえし」の大切さをお話ししましたが、これを習慣に変えていくのに欠かせないのが、**「お母さんのチカラ」**です。

でも、ほとんどのお母さんは、子どもの成績を上げたいと思っても、思うように時間が取れません。

私自身、2人の子どもを育てた先輩ママとして痛感するのは、子どもが小さければ小さいほど、いつも時間に追われている感覚があること。

私自身も、子どもが乳児や幼児の頃は急に熱を出せば焦り、インフルエンザや皮膚病などの伝染病が流行れば不安になり、子どもがいざ病院通いをすると、まるで自分のミスのように自分を責めて落ち込みました。

保育園や幼稚園に入れば、送り迎えが必要で、幼稚園のバザーやクリスマス会などへの参加があり、小学校に入学すると、行事のほかにＰＴＡやクラス役員の順番が回ってきます。子どもの体力をつけようと入団したスポーツ団や武道団体でも、お茶当番や試合の引率、役員、会計などの人間関係にのみ込まれていきます。

お母さんは、本当に多忙……。

仕事や家事に追われるだけでなく、介護や高齢のご両親の面倒を見ている方もいます。

そのうえ、子どもの学習サポートをお願いするのですから、

「子どもの暗記を手伝うなんて、とんでもない！　私の時間がないから、いくつも塾に通わせたり、毎月、通信教材を取っているのです！」

という、お母さんの悲鳴が聞こえてきそうです。

そのとおりです。

でも、子どもには、どうしてもお母さんでないといけない領域があります。お母さんの代わりはいないのです。**子どもはお母さんのために、勉強しています。**

新しいことを身につけるときは、はじめてのことも多く、慣れるのに時間が必要ですが、子どもが発育過程で多くのことができるようになったことを思い返せば、必ず身につくも

のです。

## 「読む暗記トレ」「書く暗記トレ」なら、3ステップで超カンタン！

それでは、いままで多くの子どもたちに学習効果の上がった暗記法をお伝えしましょう。

暗記には、読みながら覚える方法と書きながら覚える方法の2通りあります。私はこれを**「読む暗記トレ」**と**「書く暗記トレ」**と名づけています。

「暗記しなさい」と言うと、多くの子どもたちが黙って覚えますが、これはとても効率の悪いやり方です。

黙って覚えると、頭では違うことを考えていたり、ほかのことに気を取られたりするので時間がかかりますが、効率のいい手順があります。

**「読む暗記」のあとには、必ず、確認テストをする。**

**「書く暗記」のあとにも、必ず、確認テストをする。**

**〈「読む暗記トレ」の3ステップ〉――カウント大作戦**

①読む回数を決める（最初は5回程度からはじめると、無理がなくてよい）
②声に出して読む
③読んだ回数を数える→確認テスト（口頭で何も見ずに言えるかのチェック）

**〈「書く暗記トレ」の3ステップ〉――まっくろ大作戦**

①できるだけ、ノートを用意する（形式は自由）。新品でなくても大丈夫。古いノートの残りなどでもOK
②書く回数や書く行数を決めておく
③書くたびに、必ず、声に出す→確認テスト（何も見ずに書けるかのチェック）

**★暗記法のコツは、回数を決めてから、くりかえすこと**

「決まった回数を読む」→「確認テスト」、「決まった回数を書く」→「確認テスト」の流れが一番、成果が挙がる。

ノートの代わりに、チラシの裏や紙の切れはしを利用してもいいのですが、書いた紙は捨ててしまわずに、一定期間保存しておくことをおすすめします。

理由は、学習量が目に見えるので、子どもに自信をつけることができるからです。

塾生のなかには、入試日前日にそれを積み上げた子もいます。それまでの学習量を子ども自身が確認できたことで、精神的に落ち着き、当日、１２０％の実力を出せたそうです。

## 鉛筆一本で、カンタンに覚えられる「読む暗記トレ」――カウント大作戦

「一念発起《いちねんほっき》」

これは漢字ドリルにある問題の一つです。いまからこれを**「読む暗記トレ」の3ステップ――カウント大作戦**で覚えていきます。

**〔準備するもの〕**

○鉛筆
○ノート

いまから、**「一念発起」**という熟語を暗記します（意味は75ページ参照）。

①はじめに、漢字をよく見ましょう。暗記する前に**正しい漢字を確認**することで、まちがったまま身につけることを防ぎます

②**読む回数**を決めましょう。ここでは、慣れることを目標に5回からはじめましょう（塾では、20回程度が目安）

③**「一念発起」**と声に出して読みます。そして1回読むごとに、回数を書きとめます（74ページを参考に好きなカウントマークを書いていきましょう）

決まった回数を読み終えたら、確認テストをします

よく質問を受けるのが、くりかえしの回数ですが、目標が学校の小テスト程度なら20回程度、中学受験合格を目標にする場合は、50～80回程度を目安にしています。

正しい文章を何度も口に出すと、きれいな日本語が身につきます。

黙って勉強してはいけません。

必ず音読しましょう。口に出す回数が多いほど、記憶が定着します。子どもには、**「必ず、口に出して覚えなさい」**と指導してあげてください。

## 子どもの歓声が聞こえる！「書く暗記トレ」――まっくろ大作戦

**「一念発起」**

これは漢字ドリルにある問題の一つです。いまからこれを**「書く暗記トレ」**の3ステップ――**まっくろ大作戦**で覚えていきます。ルールは一つ。

**〈準備するもの〉**

〇鉛筆
〇消しゴム
〇ノート

①いまから、**「一念発起」**とノートに書いていきます。漢字の「トメ」「ハネ」に注意しましょう
②書く回数を決めましょう。ここでは、慣れることを目標に3行からはじめましょう（塾では、5～10行程度が目安）
③**「一念発起」**と書いていきます
④確認テスト――ノートの書き取りが終わったら、最終ページを開けて、何も見ずに正しく書けているかどうか、テストをしましょう。正解だったら「〇」をつけて「100点」と書き、間違っていたら「×」をつけて「0点」と書くと、やる気が出ます

漢字の「トメ」「ハネ」
に注意して、
きちんと書きましょう。

## 「読むチカラ」暗記法①

# かちかちテンポで「四字熟語」

子どもたちは、四字熟語が大好きです。大人から見ると、難しそうに見えるかもしれませんが、子どもたちはリズムに乗ったり、テンポに合わせたりすると、無理なく覚えていきます。

リズムやテンポが苦手な子のために、私の塾では、「メトロノーム」を使っています。拍子は、誰でも気軽にのれる4分の4拍子がいいでしょう。**難しいものを楽しみながら、カンタンに覚える**――それがポイントです。

四字熟語は数が多いので、覚えることで元気が出たり、反省できるものがいいでしょう。

ここでは、①**「子どもが元気になる四字熟語」**、②**「子どもがドキッとする四字熟語」**に分けてみました。

難易度は、漢字検定（以下、漢検）「小６レベル（漢検５級程度、一部、ほかの級から選定）の四字熟語」を扱います。

**〈内容〉**子どもが楽しみながら、ひとりでくりかえし、言葉を覚える方法を身につけよう。ここでは四字熟語に挑戦‼

**〈用意するもの〉**メトロノーム、カウンター、またはおはじきシート、四字熟語リスト（本書74〜81ページ）

## ステップ1 四字熟語の「読み方」をしっかり覚えよう‼

①メトロノームの速度を「１６０」に合わせる
②メトロノームのテンポに合わせて、子どもと一緒にリズムに乗る
③「用意はいい？」「いいよ！」と、声をかけ合う
④テンポに合わせながら、「安心立命《あんじんりつめい》」「意気投合《いきとうごう》」「以心伝心《いしんでんしん》」「一念発起《いちねんほっき》」「一陽来復《いちようらいふく》」と読んでいく。それを10回、くりかえす。１回くり返すたびに、カウンターやおはじ

きで回数を数える

## ステップ2　四字熟語の「意味」も一緒に覚えよう!!

①メトロノームの速度を「200」に合わせる
②メトロノームのテンポに合わせて、子どもと一緒にリズムに乗る
③「用意はいい？」「いいよ！」など、声をかけ合う
④テンポに合わせながら、四字熟語とその意味も読んでいく
「安心立命《あんじんりつめい》」心を安らかに保って運命に身を任せ、いかなる場合でも動揺しないこと
「意気投合《いきとうごう》」「以心伝心《いしんでんしん》」「一念発起《いちねんほっき》」「一陽来復《いちようらいふく》」……と読んでいく
⑤それを10回、くりかえす
⑥1回くりかえすたびに、カウンターやおはじきで数を数えると、回数を楽しみながら、覚えることができる

## 「読むチカラ」暗記法②

# 「ポンポンふうせん」暗記法

子どもたちは、ふうせんが大好きです。授業でふうせんを使うと、歓声があがります。塾の近くに大型商業ショッピングセンターがあり、昭和のレトロなにおいの駄菓子屋スタイルの店では、子ども連れのお年寄りや家族連れが、なつかしいおもちゃを手に取り、笑顔で集っています。これにヒントを得て、昭和の香りのするおもちゃを使った**「ポンポンふうせん」暗記法**を考えつきました。やり方はカンタンです！　紙ふうせんをポンポンついて、くりかえし音読するだけ！

子どもに「さっさと覚えなさい！」と叱るより、家族でふうせんをポンポンしながら暗記をするほうが楽しそうです。

手で触ったときに、なつかしさと安心感のある「紙ふうせん」と100円均一で気軽に買える「ゴムふうせん」の2点を暗記法に使用します（↓巻末付録5〜6ページ）。

## 「ポンポンふうせん」暗記法

ほかにも、家庭ですぐ実践できる楽しい暗記法がありますよ
集中。
いきとうごう
いきとうごう
いきとうごう

「読むチカラ」暗記法③

# 「パチパチおはじき」暗記法

**「暗記のコツは、くりかえす数を決めてから、声に出すこと」**

これが「ニシカド式暗記法」のルールです。

60ページでも説明しましたが、これは身につけると効果テキメンです。

私は子どもたちの集中力が途切れず、学習が続けられるように、カウント（数の数え方）を工夫しています。

ここでは、おはじきを使った**「パチパチおはじき」暗記法**を紹介します。おはじきを使ったカウントは、**10〜20回**が最適です（5回以下のくりかえしには、74ページの各四字熟語左下の☑などのカウントがよい）。

この暗記法は、拙著『子どもの成績は、お母さんの言葉で9割変わる！』の90〜91ページに掲載した「読み・書き・チェック」暗記法の一部から抜粋しました。これは『プレジデントファミリー 2010年6月号』（プレジデント社）に掲載していただいた暗記法です（→巻末付録9ページ）。

子どもたちが音読をするたびに、おはじきを置くパチパチという音が、教室に響き、活気づきます。

手順は、次のとおり、3つです。

①おはじきを20個くらい用意する（ペットボトルのふたやボタンでもOK）

②くりかえす回数を決めたら、音読するごとに、1個ずつ、おはじきを並べていく

③自分の決めた回数分をくりかえして並べたら、次も同じ手順で暗記をくりかえす（「暗記シート」が必要な場合は巻末にありますので、参考にしてください）

74〜81ページまで、子どもがひとりで学習を進められるように、「ひとりde学習シリーズ」を掲載しました。**〈読む暗記トレ〉「子どもが元気になる四字熟語」**と**「子どもがドキッとする四字熟語」**をまとめています。メトロノームやおはじきなどで、四字熟語を暗記したら、70ページの「ポンポンふうせん」暗記法で挑戦してみましょう。

紙ふうせんやゴムふうせんをポンポンしながら、暗記度チェックをしてみてください。

# 〈読《よ》む暗記《あんき》トレ①〉子《こ》どもが元気《げんき》になる四字熟語《よじじゅくご》

●これから、四字熟語《よじじゅくご》を5回《かい》ずつ音読《おんどく》して暗記《あんき》していこう！
ひとりで暗記《あんき》できるかな？

## 1 安《あん》心《じん》立《りつ》命《めい》

心《こころ》を安《やす》らかに保《たも》って運命《うんめい》に身《み》を任《まか》せ、いかなる場合《ばあい》でも動揺《どうよう》しないこと。「あんしんりつめい」とも読《よ》む。

□□□□□

## 2 意《い》気《き》投《とう》合《ごう》

たがいの気持《きも》ちや考《かんが》えなどがぴったりと合《あ》うこと。

□□□□□

## 3 以《い》心《しん》伝《でん》心《しん》

文字《もじ》や言葉《ことば》によらず心《こころ》と心《こころ》で通《つう》じ合《あ》うこと。

□□□□□

四字熟語《よじじゅくご》だけを**5回《かい》ずつ**声《こえ》に出《だ》して☑チェックしましょう

☑ 1
☑ 2
☑ 3
☑ 4
☑ 5

5回《かい》のチェックで『棒人間《ぼうにんげん》』のできあがり。声《こえ》に出《だ》して描《か》いて、楽《たの》しく暗記《あんき》しましょう。

☑
☑
☑
☑
☑

アメリカ式《しき》は上《うえ》のようなカウントをしますよ。

**4** 一《いち》念《ねん》発《ほっ》起《き》

あることを成《な》し遂《と》げようと決意《けつい》すること。

□□□□□

**5** 一《いち》陽《よう》来《らい》復《ふく》

物事《ものごと》が回復《かいふく》することのたとえ。

□□□□□

**6** 一《いち》路《ろ》順《じゅん》風《ぷう》

物事《ものごと》が順調《じゅんちょう》に運《はこ》ぶこと。

□□□□□

**7** 一《いっ》騎《き》当《とう》千《せん》

ひとりで千人《せんにん》を敵《てき》にできるほど実力《じつりょく》のあること。

□□□□□

**8** 一《いっ》挙《きょ》両《りょう》得《とく》

一《ひと》つのことをするだけで、同時《どうじ》に二《ふた》つの利益《りえき》が得《え》られること。

□□□□□

**9** 威《い》風《ふう》堂《どう》堂《どう》

威厳《いげん》に満《み》ち溢《あふ》れて立派《りっぱ》なこと。気勢《きせい》がおおいにさかんなこと。

□□□□□

## 〈読《よ》む暗記《あんき》トレ①〉子《こ》どもが元気《げんき》になる四字熟語《よじじゅくご》

**10** 雨《う》過《か》天《てん》晴《せい》

物事《ものごと》の状況《じょうきょう》が
よい方向《ほうこう》へ向《む》かうこと。

□□□□

**11** 栄《えい》耀《よう》栄《えい》華《が》

人《ひと》や家《いえ》などが
おおいに栄《さか》えること。

□□□□

**12** 延《えん》命《めい》息《そく》災《さい》

命《いのち》を延《の》ばして
災《わざわ》いを取《と》り去《さ》ること。

□□□□

四字熟語《よじじゅくご》はこのぼくに任《まか》せなさい!!

**13**
## 温《おん》厚《こう》篤《とく》実《じつ》
穏《おだ》やかで温《あたた》かく誠実《せいじつ》なこと。
□□□□□

**14**
## 温《おん》故《こ》知《ち》新《しん》
前《まえ》に習《なら》ったことや昔《むかし》の事柄《ことがら》を復習《ふくしゅう》し考《かんが》えて、新《あら》たな道理《どうり》や知識《ちしき》を会得《えとく》すること。
□□□□□

**15**
## 改《かい》過《か》自《じ》新《しん》
自分《じぶん》の過《あやま》ちを改《あらた》めて、気分《きぶん》を新《あら》たにすること。
□□□□□

**16**
## 家《か》給《きゅう》人《じん》足《そく》
豊《ゆた》かで生活《せいかつ》が安定《あんてい》していること。
□□□□□

**17**
## 完《かん》全《ぜん》無《む》欠《けつ》
どこから見《み》ても、欠点《けってん》や不足《ふそく》がまったくないこと。
□□□□□

**18**
## 感《かん》奮《ぷん》興《こう》起《き》
物事《ものごと》に深《ふか》く心《こころ》を揺《ゆ》り動《うご》かされて奮《ふる》い立《た》つこと。
□□□□□

# 〈読《よ》む暗記《あんき》トレ②〉子《こ》どもがドキッとする四字熟語《よじじゅくご》

**1** 悪《あく》因《いん》悪《あっ》果《か》

悪《わる》い行《おこな》いには必《かなら》ず悪《わる》い報《むく》いがあるということ。

□□□□

**2** 悪《あく》事《じ》千《せん》里《り》

悪《わる》いことは評判《ひょうばん》になりやすいというたとえ。

□□□□

**3** 因《いん》果《が》応《おう》報《ほう》

人《ひと》の行《おこな》いの善悪《ぜんあく》に応《おう》じてその報《むく》いが現《あらわ》れること。

□□□□

**メトロノーム**でリズムを取《と》りながら、まず四字熟語《よじじゅくご》だけを**5回《かい》ずつ**声《こえ》に出《だ》しましょう

かちかち押《お》せるカウンターでも代用《だいよう》できます。

なるべく速《はや》いテンポで（速《はや》さは160がベスト）リズムに合《あ》わせて、声《こえ》に出《だ》してくださいね。

意味《いみ》も声《こえ》に出《だ》して
読《よ》んでみてね!!

**4** 飲《いん》水《すい》思《し》源《げん》

物事《ものごと》の基本《きほん》を忘《わす》れないたとえ。また、世話《せわ》になった人《ひと》の恩《おん》を忘《わす》れないこと。

□□□□□

**5** 得《え》手《て》勝《かっ》手《て》

わがまま放題《ほうだい》のこと。

□□□□□

**6** 開《かい》心《しん》見《けん》誠《せい》

まごころをもって人《ひと》に接《せっ》し、隠《かく》し立《だ》てをしないこと。

□□□□□

**7** 夏《か》虫《ちゅう》疑《ぎ》氷《ひょう》

見聞《けんぶん》の狭《せま》い者《もの》が、自分《じぶん》の知識《ちしき》以外《いがい》のものを信《しん》じようとしないこと。

□□□□□

**8** 眼《がん》高《こう》手《しゅ》低《てい》

理想《りそう》は高《たか》いが実力《じつりょく》がともなわないこと。

□□□□□

**9** 疑《ぎ》事《じ》無《む》功《こう》

疑《うたが》いながら事《こと》を行《おこな》うようでは、成功《せいこう》は期待《きたい》できないということ。

□□□□□

## 〈読《よ》む暗記《あんき》トレ②〉子《こ》どもがドキッとする四字熟語《よじじゅくご》

**10**

# 苦《く》学《がく》力《りっ》行《こう》

苦労《くろう》して
学問《がくもん》をすること。

□□□□

**11**

# 言《げん》易《い》行《こう》難《なん》

口《くち》で言《い》うのはたやすいが、言《い》ったことを
実行《じっこう》するのはなかなか難《むずか》しいということ。

□□□□

**12**

# 口《こう》耳《じ》講《こう》説《せつ》

聞《き》いたことをよく消化《しょうか》しないで、
すぐにそのまま人《ひと》に話《はな》すこと。

□□□□

**13**

# 口《こう》耳《じ》四《よん》寸《すん》

聞《き》きかじりの学問《がくもん》。

□□□□□

**14**

# 言《ごん》語《ご》道《どう》断《だん》

言葉《ことば》で言《い》い表《あらわ》せないほどひどいこと。

□□□□□

**15**

# 採《さい》長《ちょう》補《ほ》短《たん》

人《ひと》の長所《ちょうしょ》を採《と》り入《い》れ、自分《じぶん》の短所《たんしょ》を補《おぎな》うこと。

□□□□□

**16**

# 三《さん》百《びゃく》代《だい》言《げん》

詭弁《きべん》を弄《ろう》すること。

□□□□□

**17**

# 紙《し》上《じょう》談《だん》兵《ぺい》

理屈《りくつ》だけで、実際《じっさい》にはまったく役《やく》に立《た》たないこと。

□□□□□

**18**

# 舎《しゃ》近《きん》求《きゅう》遠《えん》

身近《みぢか》によいものがあることがわからず、遠《とお》くまで探《さが》し求《もと》めること。

□□□□□

**〈書《か》く暗記《あんき》トレ〉**

**四字熟語《よじじゅくご》をひとりで暗記《あんき》できたかな？**


**最後《さいご》に、四字熟語《よじじゅくご》をノートに「まっくろ大作戦《だいさくせん》」してみよう！**

**ノートは持《も》ってるかな？ 「まっくろ大作戦《だいさくせん》」のルールは一《ひと》つ。**

**「ノートに5回《かい》ずつ書《か》いて、ノートをまっくろにするだけ！」**


参考文献……財団法人日本漢字能力検定協会編『漢検四字熟語辞典』（財団法人日本漢字能力検定協会）
※熟語の読み方は、子どもの覚えやすいものを代表として選びました。

第3章

# 「1日たった5分の言葉がけ」で、子どもがひとりで勉強しだすニシカド式国語攻略法

## 子どもが一心不乱に勉強する姿は、美しい

先日、私は塾で感動的な光景に出会いました。

中学生の英語クラスでした。授業開始30分以上前にもかかわらず、10名の塾生が着席。全員が一心不乱に机に向かって勉強していました。

その瞬間、胸が熱くなったのです。

誰からも「早く来て、勉強しなさい」と言われたわけではないのに、思春期の中学生が、「読む暗記トレ」と「書く暗記トレ」の暗記法で英語を鍛えていました。確認テストでは、教科書一冊が暗唱できており、私が不意に教科書のどの部分を和訳しても、子どもたちは何も見ずにスラスラと英訳していきます。

まるで通訳者や翻訳家のようでした。

私がＡＢＣから教えはじめた子たちが多いので、その成長ぶりに感動し、ここまで伸びてくれたことに、感謝の気持ちがわき起こり、胸がいっぱいになりました。

**子どもたちが、自分の可能性を信じて、みずからの意志で純粋に勉強する姿は、とても美しい。**

私は、無心に学ぶ子どもたちの顔を見るたびに、子どもが自分の可能性を信じて学習する環境を与えることは、私たち大人の役割だという思いを強くします。

## 「1日5分」の積み重ねが、ひとりで勉強する習慣になる

毎日の家事や仕事に追われるお母さんにとって、子どもがひとりで勉強してくれることほど、うれしいことはありません。

「子どもがなかなか勉強しません。先生、どうしたらいいのでしょうか？」

そんなお母さんの声をよく聞きます。そんなとき私は、

**「1日5分だけ、そばにいてあげてください」**

そうアドバイスしています。

お母さんたちが忙しいのは、肌身でわかります。

でも、1日5分だけ、なんとか時間をつくって子どもの勉強を見てあげてほしいのです。

音読を聞いてあげるのもいいでしょうし、問題集の答え合わせを手伝ってあげてもいいでしょう。

**1日5分の積み重ねが、子どもが家で勉強をする習慣づけにつながる**のです。

## 「国語＆算数日本一の子」のお母さんがやっていたこと

**学力テストの国語と算数で日本一になった小6の南ありささん**が、宿題に取りかかるのは帰宅後すぐ。ありささんは、お母さんが仕事を終えて帰宅する夜8時までに、すべての課題をすませてしまいます。

そして、夕食後、お母さんに宿題を見てもらっています。

ありささんのお母さんによれば、以前は、どんな科目でもうっかりミスが多かったようなのですが、1年前から私の塾で「国語と作文」を学んでからは、文章をじっくりと読むようになって、うっかりミスがなくなりました。

算数の文章題も、すんなり理解できるようになったというのです。

「国語力」が、ありささんの算数日本一を支えました。

いまでこそ、活発で負けず嫌いなありささんですが、入塾当初は控え目で、お母さんが声をかけないと宿題をしようとしませんでした。

「『勉強しなさい』と叱らなければならない毎日に、疲れてしまって……」

ありささんのお母さんがそんな悩みを私に告白されたのは、昨年のことでした。

お母さんが熱心なあまり、努力しすぎているのでは？――そう直感した私は、

「ありささんを少しずつ自律させてみませんか？　じっくり我慢強く見守っていきましょうよ」

とお母さんに話しました。

毎日、1時間、2時間……、長い時間をかけて、子どもの勉強を見てあげれば、成績が伸びるというわけではありません。

ましてや、「勉強しなさい」「早くやりなさい」……といくら叱っても、子どもが自分から動くわけがありません。たとえ、勉強しはじめたとしても、長くは続かないのです。

ありささんは、勉強への意欲を失っていました。

バレエ教室と塾を両立していたのですが、どっちつかず。そんなありささんをお母さんは叱ってばかりいました。

その結果、お母さんの指示がないと、動けなくなっていたのです。

「お母さん、次は何をすればいいの？」

たとえば、宿題の作文のテーマを決めるのも、何でもかんでもお母さん任せ。ありささんが動くのは、いつもお母さんに聞いてからでした。

私のアドバイスを聞いたお母さんは、心に決めました。

「このまま、やる気が出ないようなら塾をやめさせよう。ありさの自主性を出すため、叱らずに様子を見てみよう」と。

それ以降、ありささんが、

「お母さん、どうすればいいの……」
と言っても、決して叱らずお母さんは、
**「自分で調べてごらん」「ありさは何をすればいいと思う？」**
と話すようにしたのです。

## 一度でもトップになった子は、見ちがえるように変わる

そんなお母さんの気持ちが伝わったのでしょう。ありささんに少しずつ変化が生まれました。

帰宅後や休日の午前など、決まった時間に机に向かうようになりました。バレエも続けていましたから、みずから時間配分を考え、第2章で紹介した「ニシカド式暗記法」に取り組みはじめました。

結果が出たのは、お母さんが私に悩みを話されてから1年後。

ありささんは、**国語と算数の2科目の全国版学力テストで100点満点**を取ったのです。

**2科目同時に日本一になったのは、私の塾はじまって以来の快挙でした。**

お母さんの悩みを伺っていたので、私の喜びはひとしおでした。

子どもの可能性を伸ばしてあげたいと思うのは、すべてのお母さんに共通する気持ち。

ありささんのお母さんの言葉が忘れられません。

**「ありさが一所懸命になってくれるのが、まるで自分のことみたいにうれしい」**

ありささんにとっても、大きな自信になりました。

大切なことや、いまやらなければならない順番を自分で決めて、計画を立てることができるようになったのです。

一度でもトップを取った子は、見ちがえるように変わります。

一つのミスやまちがいを本当に悔しがるようになり、学習に対する意欲や取組みも変わってきます。

絶対あきらめてはいけません。**勉強の遅れを取り戻すことは、いつからでもできる**のです。

# 成績が劇的に上がる！ニシカド式「無学年制学習法」とは？

カタカナも読めない。漢字も書けない……。

「そんな子の『国語力』をどうやって伸ばしていくの？」と不思議に思う方もいらっしゃるかもしれません。

答えはカンタン。できるところまで戻ればいいのです。

学習はどの科目も知識の積み上げですから、わからなくなっている箇所までさかのぼることがポイントです。自分がつまずいたところを見つける——これができると、すぐに点数は上がります。

具体的な学習方法として、下の学年の教科書や問題集を使います。それも思い切って**2学年か3学年下の教材**にチャレンジしてもらうのです。これを私は、**ニシカド式「無学年制学習法」**と呼んでいます。

いま私の塾では、小2のテキストからやり直して勉強している中2の子もいます。

もちろん小2の問題がわからなければ、中学レベルの問題を解けるわけがありません。

大切なのは、その子の実際の学年ではなくて、**「学力の現在地」を見極める**こと。

そして、レベルを下げた問題に、次から次へと挑戦させます。

やさしい問題ですから、なんなく高得点を取ることができます。できたときのうれしさは特別なもの。これまで学校の勉強についていけなかったのなら、なおさらです。


ただし、「無学年制学習法」で、一つだけ気をつけなければならないポイントがあります。それは、**子どもが自分で決める**ということ。

低学年の教科書やレベルを下げた問題集をやり直すわけですから、なかにはプライドを傷つけられたと感じる子も出てきます。

そんなとき私は、

**「勉強がわからないとつらいよね。下の学年の問題に挑戦してみる？　それとも、いまのまま無理してでもがんばってみる？」**

と聞いてみます。

子どもは納得すると、本気で取り組みだします。「無学年制学習法」で、達成感、爽快感を味わった子は、前向きになって学習意欲もわいてきます。

「無学年制学習法」は、遅れた勉強を取り戻せるだけではありません。**子どもの成績を劇的に上げるチカラを秘めた学習法**です。

それでは、何をどのくらいやり直せばいいのでしょうか。

いろいろな分類のしかたがありますが、私の塾では、**「国語力を上げる5つのチカラ」**として次のように分類しています。

**〈国語力を上げる5つのチカラ〉**

①**漢字**――漢字の読み書き、漢字の組立て、漢字の部首・筆順・画数

②**かな**――かなづかい、句読点、送りがな、文の組立て

③**言葉**――熟語（二字・三字・四字熟語）、同意語、反対語、ことわざ、慣用句、故事成語、敬語

④**読み取り**――読解問題（説明的文章・文学的文章）、詩、短歌、俳句

⑤**作文**――身の回りに起こった出来事を話題にした生活文、本を読んだあとの感想文、

社会の出来事について書く意見文など

## たった5分のお母さんの言葉がけで、子どもがひとりで勉強しだす方法

ここまで、私の塾生のエピソードや効果のあった暗記法、「無学年制学習法」などを紹介してきました。これらを活かして、子どもがひとりで学習する姿を応援してみましょう。

98ページから、「ひとりde学習ドリル」として、「国語力を上げる5つのチカラ」を組み込んだ問題をつくりました。

子どもたちに人気の「かなづかい」「句読点」「同意語」「反対語」を取り上げ、第4章では、「読解問題」を取り上げています。

ここでは、お母さんが「子どもにひとりde学習させる7つのステップ」をまとめましたので実践してみてください。

そして、子どもの学習に取り組む姿勢を応援してあげてください。

**《子どもに「ひとりde学習」させる7つのステップ》**

①学習の時間帯は、子どもが学校から帰宅する時間か、夕食後がいいでしょう。理想としては、このドリルをやる前に、子どもは学校の宿題をすませておくことです。そうすると、子どもに余裕が生まれます。場所はリビングテーブルが最適ですが、リビングでなくても、和室の食卓でも大丈夫です。小学生はふだん食事をしているところで、学習するのを好む子が多いので、まずテーブルの上を片づけてください。夕食後なら、食器はすべて流し台に下げましょう。

②次に、**「さあ、はじめようね。いまから、国語をしようね」**と声をかけます。子どもに筆記用具とノートを持たせて、リビングテーブルの席につきます（テレビは消しましょう。勉強後に見せることを約束してから、見たい番組は録画をしてください。時間を効率よく使うためです。勉強後は、必ず、約束を守って、録画を見せてあげましょう）。

③98ページ以降の「ひとりde学習ドリル」を見せて、**「どのくらい時間がかかると思う？」**

と聞きます。子どもは、「10分」とか「15分」など、好きな時間を言いますから、キッチンタイマーや目覚まし時計、携帯のカウント機能を使って、子どもが言った時間どおりに設定します。

④「ここに書いてある質問もすべて音読していこうね」と子どもに言い聞かせ、「スタート！」と、タイマーのスイッチを入れます。

⑤子どもが音読をはじめたら、「ひとりでできているね」と声をかけてあげてください。

⑥「お母さんは、家事をしているけれど、ちゃんと聞いているからね」と言って、子どもが音読をしている間に、流し台の洗い物や気になる仕事を片づけてください。

⑦タイマーが鳴ったら、途中でも切り上げて、子どもに続けたいかどうか聞いてみてください。子どもがもっと続けたいときは、子どもに時間を決めさせて、④〜⑥をくりかえします。もし嫌がるようなら切り上げて、次の日にします。そのときは、「今日はここまでにしようね」「ひとりで学習できたね」と認める言葉がけをしましょう。

大事なことは、子どもがひとりで学習している姿に、声をかけることです。

特に、「よくがんばっているね」とか、「ずいぶん成長しているね」など、子どもの学習意欲を認めるような言葉がけが、子どものやる気を高めます。

私がこれまで出会った子どもを伸ばしたお母さんは、例外なく、言葉がけが上手でした。

ここで挙げた言葉は一例です。

怒鳴ったり、脅したりせずに、できるだけ肯定的な言葉を選んでください。

## ひとりde学習《がくしゅう》ドリル【かなづかい編《へん》】

これから、言葉《ことば》の正《ただ》しい書《か》き方《かた》を身《み》につけるために、「かなづかい」の問題《もんだい》をやってみよう！

❶ さあ、左《ひだり》の文《ぶん》を、ひとりで読《よ》んでみよう。正《ただ》しいかなづかいは、㋐と㋑のどちらかな？　正《ただ》しいほうの記号《きごう》に○をつけてみよう。
全部《ぜんぶ》できたら、105ページの解答《かいとう》を見《み》て、ひとりで答《こた》え合《あ》わせをしようね！

**1** まずは、「わ」と「は」のちがいだよ！

①出席《しゅっせき》するかどうか ｛㋐ でんわ／㋑ でんは｝ で返事《へんじ》をしてください。

**2** 次《つぎ》は、「お」と「を」のちがいだよ！

②ぼくはサッカーの試合《しあい》｛㋐お　㋑を｝見《み》に行《い》きました。

**3** 最後《さいご》は、「じ」と「ぢ」のちがい、「え」と「へ」のちがいだよ！

③｛㋐じてんしゃ　㋑ぢてんしゃ｝で公園《こうえん》｛㋐へ　㋑え｝行《い》きました。

3問《もん》ともひとりで解《と》けたかな？　105ページを見《み》て、答《こた》え合《あ》わせもひとりででき
たかな？

できたら下《した》の□に☑をつけよう！　（例《れい》）☑　□

次《つぎ》は、左《ひだり》の問題《もんだい》をひとりで解《と》いてみよう！
〔　〕内《ない》の㋐と㋑のうち、正《ただ》しいかなづかいをしているほうの記号《きごう》に○をつけよう！
全部《ぜんぶ》できたら、105ページの解答《かいとう》を見《み》て、ひとりで答《こた》え合《あ》わせをしようね！

**4** まずは、「い」と「え」のちがいだよ！

④ ｛㋐ れいとうこ　㋑ れえとうこ｝のなかに氷《こおり》があります。

**5** 次《つぎ》は、「う」と「お」のちがいだよ！

⑤ 西《にし》の {㋐ ほうがく / ㋑ ほおがく} にお寺《てら》の {㋐ とお / ㋑ とう} があります。

**6** 最後《さいご》は、「ず」と「づ」のちがいだよ！ どちらが正《ただ》しい使《つか》い方《かた》かな？

⑥ {㋐ ずがの授業《じゅぎょう》 / ㋑ づがの授業《じゅぎょう》}

⑦ {㋐ 気《き》ずく / ㋑ 気《き》づく}

⑧ {㋐ みかづき / ㋑ みかずき}

ひとりで解《と》けたかな？ 答《こた》え合《あ》わせもひとりでできたかな？
できたら下《した》の□に☑をつけよう！ （例《れい》）☑ □

**2** 次《つぎ》はまとめの問題《もんだい》で、正《ただ》しいかなづかいが身《み》についているか確認《かくにん》してみよう！　問題《もんだい》が解《と》けたら、105ページの解答《かいとう》を見《み》て、答《こた》え合《あ》わせをしようね！

①はだかの｛㋐おうさま　㋑おおさま｝の本《ほん》｛㋐お　㋑を｝図書館《としょかん》｛㋐え　㋑へ｝借《か》りに行《い》く。

②口《くち》で｛㋐ゆう　㋑いう｝こと｛㋐わ　㋑は｝簡単《かんたん》だが、

それ｛㋐を　㋑お｝実行《じっこう》するのは、とても｛㋐むづかしい　㋑むずかしい｝。

③｛㋐きょお　㋑きょう｝学校《がっこう》から帰《かえ》ったら、｛㋐まず　㋑まづ｝宿題《しゅくだい》をしよう。

④トラが、力《ちから》｛㋐ずよい　㋑づよい｝｛㋐おおきな　㋑おうきな｝声《こえ》で、ほえた。

ひとりで解《と》けたかな？　答《こた》え合《あ》わせもひとりでできたかな？

できたら下《した》の□に☑をつけよう！　（例《れい》）☑　□

**3** 左《ひだり》の文《ぶん》をひとりで読《よ》んでみよう！

文《ぶん》のなかに、かなづかいのまちがっているところが4つあるよ。まずまちがっているところを4か所選《しょえら》んでみよう！　選《えら》べたら、（　）のなかに正《ただ》しく書《か》き直《なお》してみよう！　ひとりで解《と》けたら、左《ひだり》ページの解答《かいとう》を見《み》て、ひとりで答《こた》え合《あ》わせをしようね！

先週《せんしゅう》の日曜日《にちようび》、をだやかな天気《てんき》のもと、運動会《うんどうかい》が開《ひら》かれた。赤組《あかぐみ》、白組《しろぐみ》にはかれて、いつしょけんめいたたかった。けっかは、去年《きょねん》につずいて、今年《ことし》も白組《しろぐみ》の優勝《ゆうしょう》でまくをとじた。

（　　　）（　　　）（　　　）（　　　）

ひとりで解《と》けたかな？　答《こた》え合《あ》わせもひとりでできたかな？

できたら下《した》の□に☑をつけよう！　(例《れい》)☑　□

## 解答《かいとう》・解説《かいせつ》

**1** 解答《かいとう》 ①ア ②イ ③ア、ア ④ア ⑤ア、イ ⑥ア ⑦イ ⑧ア

解説《かいせつ》

⑦「きづく」は漢字《かんじ》で「気付《きづ》く」と書《か》きます。「付《つ》く」は「つく」と読《よ》むので、「きづく」というかなづかいになります。

⑧「みかづき」は漢字《かんじ》で「三日月《みかづき》」と書《か》きます。「月《つき》」は「つき」と読《よ》むので、「みかづき」というかなづかいになります。

**2** 解答《かいとう》 ①ア、イ、イ ②イ、イ、ア、イ ③イ、ア ④イ、ア

解説《かいせつ》

④「力《ちから》づよい」は漢字《かんじ》で「力強《ちからづよ》い」と書《か》きます。「強《つよ》い」は「つよい」と読《よ》むので、「ちからづよい」というかなづかいになります。

**3** 解答《かいとう》 （おだやか）（わかれて）（いっしょけんめい）（つづいて）

参考文献……小学教育研究会編著『国語自由自在（小学3・4年）』（増進堂・受験研究社）

ひとりde学習《がくしゅう》ドリル【句読点《くとうてん》のつけ方《かたへん》編】

**1** 左《ひだり》の文《ぶん》をひとりで読《よ》んでみよう！　左《ひだり》の文《ぶん》は、読点《とうてん》（、）が抜《ぬ》けているよ。文《ぶん》が読《よ》みやすくなるように、正《ただ》しい場所《ばしょ》に読点《とうてん》（、）をつけよう！

ひとりで解《と》けたら、112〜115ページの解答《かいとう》を見《み》て、答《こた》え合《あ》わせをしようね！

**1** お父さんは　駅《えき》の近《ちか》くの　郵便局《ゆうびんきょく》で　働《はたら》いて　います。

**2** わたしの　妹《いもうと》は　小学校《しょうがっこう》に　入《はい》った　ばかりです。

**3** ぼくは　今度《こんど》の　日曜日《にちようび》に　遊園地《ゆうえんち》に　いきます。

ひとりで解《と》けたかな？　答《こた》え合《あ》わせもできたかな？

できたら下《した》の□に☑をつけよう！　(例《れい》)☑　□

次《つぎ》は、左《ひだり》の文《ぶん》をひとりで読《よ》んでみよう！
左《ひだり》の文《ぶん》は、読点《とうてん》（、）を打《う》つ位置《いち》が変《か》わると、文《ぶん》の意味《いみ》も変《か》わってしまうんだ。
□の意味《いみ》になるように、正《ただ》しい位置《いち》に読点《とうてん》（、）を書《か》いてみよう！
ひとりで解《と》けたら、112〜115ページの解答《かいとう》を見《み》て、答《こた》え合《あ》わせをしようね！

## 4「赤《あか》いリボンのついた帽子《ぼうし》。」

リボンではなく、帽子《ぼうし》が「赤《あか》い」ことがはっきりわかるようにする。

赤《あか》い　リボンの　ついた　帽子《ぼうし》。

**5** 「姉《あね》が静《しず》かにねむるネコを抱《だ》きかかえた。」

①「姉《あね》が静《しず》かにしている」ことがはっきりわかるようにする。

姉《あね》が　静《しず》かに　ねむる　ネコを　抱《だ》きかかえた。

②「ネコが静《しず》かにしている」ことがはっきりわかるようにする。

姉《あね》が　静《しず》かに　ねむる　ネコを　抱《だ》きかかえた。

ひとりでできたかな？　答《こた》え合《あ》わせもできたかな？

できたら下《した》の□に☑をつけよう！　（例《れい》）☑　□

**2** 左《ひだり》の文《ぶん》をひとりで読《よ》んでみよう！ 左《ひだり》の文《ぶん》は、句点《くてん》（。）が抜《ぬ》けているよ。
文《ぶん》が読《よ》みやすくなるように、正《ただ》しい場所《ばしょ》に句点《くてん》（。）をつけよう！
ひとりで解《と》けたら、112〜115ページの解答《かいとう》を見《み》て、答《こた》え合《あ》わせをしようね！

**1** としょかんは　わたしの　いえの　ちかくに　あります

**2** いぬは　あしが　はやくて　あたまが　いい

**3** がっこうの　かだんに　あさがおの　たねを　うえました

ひとりでできたかな？ 答《こた》え合《あ》わせもできたかな？
できたら下《した》の□に☑をつけよう！ （例《れい》）☑ □

**3** 左《ひだり》の文《ぶん》をひとりで読《よ》んでみよう！　左《ひだり》の文《ぶん》は、かぎかっこ（「　」）が抜《ぬ》けているよ。

文《ぶん》が読《よ》みやすくなるように、正《ただ》しい場所《ばしょ》にかぎかっこ（「　」）をつけよう！

ひとりで解《と》けたら、112〜115ページの解答《かいとう》を見《み》て、答《こた》え合《あ》わせをしようね！

**1** ぼくは　お母《かあ》さんに　図鑑《ずかん》を　買《か》ってもらいました　弟《おとうと》は　ぼくにも
図鑑《ずかん》を　貸《か》してね　と　言《い》いました

**2** 朝《あさ》　先生《せんせい》に　会《あ》った　ときは　おはようございます　と　言《い》って　必《かなら》ず
あいさつを　します

ひとりで解《と》けたかな？　答《こた》え合《あ》わせもひとりでできたかな？
できたら下《した》の□に☑をつけよう！　（例《れい》）☑

□

**4** 最後《さいご》に、句読点《くとうてん》のまとめの問題《もんだい》をひとりでやってみよう！

左《ひだり》の文《ぶん》をひとりで読《よ》んでみよう！

左《ひだり》の文《ぶん》は、句点《くてん》（。）と読点《とうてん》（、）が抜《ぬ》けているよ。文《ぶん》が読《よ》みやすくなるように、正《ただ》しい場所《ばしょ》に句点《くてん》（。）と読点《とうてん》（、）をつけよう！

ひとりで解《と》けたら、112～115ページの解答《かいとう》を見《み》て、答《こた》え合《あ》わせをしようね！

**1** 句点《くてん》（。）は4か所《しょ》、読点《とうてん》（、）は5か所《しょ》あるよ。

夕方《ゆうがた》 帰宅《きたく》した タケシは いつもなら 2階《かい》の 部屋《へや》で 遊《あそ》んでいるはず
の 弟《おとうと》が いないのに 気《き》づいた あわてて 家《いえ》の すみずみを それから
庭《にわ》に 出《で》て 探《さが》してみたが どこにも いない タケシは 交番《こうばん》へ 走《はし》って
行《い》った 困《こま》った 顔《かお》を した タケシを 一目《ひとめ》 見《み》るなり おまわりさんは
優《やさ》しい 声《こえ》で 彼《かれ》に 言《い》った

**2** 句点《くてん》（。）は3か所《しょ》、読点《とうてん》（、）は5か所《しょ》あるよ。

最近《さいきん》 忘《わす》れ物《もの》が 続《つづ》いて います 夜《よる》 寝《ね》る前《まえ》に 次《つぎ》の日《ひ》に 必要《ひつよう》な もの
を きちんと 準備《じゅんび》 するように しましょう 特《とく》に 休《やす》み明《あ》けの 月曜日《げつようび》
は 忘《わす》れ物《もの》が 多《おお》いので 注意《ちゅうい》して ください

## 解答《かいとう》・解説《かいせつ》

**1** 解答《かいとう》

**1** お父《とう》さんは、駅《えき》の近《ちか》くの郵便局《ゆうびんきょく》で働《はたら》いています。

**2** わたしの妹《いもうと》は、小学校《しょうがっこう》に入《はい》ったばかりです。

**3** ぼくは、今度《こんど》の日曜日《にちようび》に、遊園地《ゆうえんち》にいきます。

**4** 赤《あか》い、リボンのついた帽子《ぼうし》。

**5** ① 姉《あね》が静《しず》かに、ねむるネコを抱《だ》きかかえた。

② 姉《あね》が、静《しず》かにねむるネコを抱《だ》きかかえた。

解説《かいせつ》

**4** 「赤《あか》い」を「帽子《ぼうし》」の飾《かざ》り言葉《ことば》にするときは、「赤《あか》い」のあとに読点《とうてん》をつけましょう。

**5** ① 「静《しず》かに」を「抱《だ》きかかえた」の飾《かざ》り言葉《ことば》にするときは、「静《しず》かに」のあとに読《とう》点《てん》をつけましょう。

② 「静《しず》かに」を「ねむるネコ」の飾《かざ》り言葉《ことば》にするときは、「姉《あね》が」のあとに読点《とうてん》をつけましょう。

**2** 解答《かいとう》

**1** としょかんはわたしのいえのちかくにあります。

**2** いぬはあしがはやくてあたまがいい。

**3** がっこうのかだんにあさがおのたねをうえました。

解説《かいせつ》

**句点《くてん》は文《ぶん》の終《お》わりにつけましょう。**

**3** 解答《かいとう》

**1** ぼくは、お母《かあ》さんに図鑑《ずかん》を買《か》ってもらいました。弟《おとうと》は、「ぼくにも図鑑《ずかん》を貸《か》してね」と言《い》いました。

**2** 朝《あさ》、先生《せんせい》に会《あ》ったときは、「おはようございます」と言《い》って、必《かなら》ずあいさつをします。

解説《かいせつ》

**かぎかっこ（「　」）は、人《ひと》が話《はな》している言葉《ことば》や、考《かんが》えている内容《ないよう》につけましょう。**

**4** 解答《かいとう》

**1** 夕方《ゆうがた》、帰宅《きたく》したタケシは、いつもなら2階《かい》の部屋《へや》で遊《あそ》んでいるはずの弟《おとうと》がいないのに気《き》づいた。あわてて家《いえ》のすみずみを、それから庭《にわ》に出《で》て探《さが》してみたが、どこにもいない。タケシは交番《こうばん》へ走《はし》って行《い》った。困《こま》った顔《かお》をしたタケシを一目見《ひとめみ》るなり、おまわりさんは優《やさ》しい声《こえ》で彼《かれ》に言《い》った。

**2**

最近《さいきん》、忘《わす》れ物《もの》が続《つづ》いています。夜《よる》寝《ね》る前《まえ》に、次《つぎ》の日《ひ》に必要《ひつよう》なものを、きちんと準《じゅん》備《び》するようにしましょう。特《とく》に、休《やす》み明《あ》けの月曜日《げつようび》は忘《わす》れ物《もの》が多《おお》いので、注《ちゅう》意《い》してください。

# 〈読《よ》む暗記《あんき》トレ①〉仲間《なかま》deリズムで同意語《どうしいご》

●これから、同《おな》じ意味《いみ》を持《も》つ言葉《ことば》（同意語《どういご》）を5回《かい》ずつ音読《おんどく》して暗記《あんき》していこう！　ひとりで暗記《あんき》できるかな？

1 永《えい》久《きゅう》の仲間《なかま》は永《えい》遠《えん》

2 温《おん》良《りょう》の仲間《なかま》は温《おん》順《じゅん》

3 改《かい》善《ぜん》の仲間《なかま》は改《かい》良《りょう》

4 感《かん》情《じょう》の仲間《なかま》は情《じょう》感《かん》

5 規《き》則《そく》の仲間《なかま》は規《き》定《てい》

6
救《きゅう》助《じょ》の仲間《なかま》は救《きゅう》済《さい》

7
適《てき》例《れい》の仲間《なかま》は好《こう》例《れい》

8
公《こう》開《かい》の仲間《なかま》は公《こう》表《ひょう》

9
動《どう》作《さ》の仲間《なかま》は行《こう》動《どう》

10
祭《さい》典《てん》の仲間《なかま》は祭《さい》礼《れい》

11
志《し》願《がん》の仲間《なかま》は志《し》望《ぼう》

12
事《じ》前《ぜん》の仲間《なかま》は未《み》然《ぜん》

13
持《じ》続《ぞく》の仲間《なかま》は永《えい》続《ぞく》

14
失《しっ》望《ぼう》の仲間《なかま》は失《しっ》意《い》

15
修《しゅう》正《せい》の仲間《なかま》は改《かい》正《せい》

**16** 形《けい》勢《せい》の仲間《なかま》は情《じょう》勢《せい》

**17** 助《じょ》力《りょく》の仲間《なかま》は加《か》勢《せい》

**18** 終《しゅう》生《せい》の仲間《なかま》は一《いっ》生《しょう》

**19** 材《ざい》料《りょう》の仲間《なかま》は原《げん》料《りょう》

**20** 公《こう》平《へい》の仲間《なかま》は公《こう》正《せい》

最初《さいしょ》から漢字《かんじ》を書《か》いて
覚《おぼ》えるのではなく、
リズムと音《おと》の響《ひび》きで
記憶《きおく》させましょうね!!
オ〜!
頭《あたま》のなかから
元気《げんき》になりますよ!

**21** 真《しん》実《じつ》の仲間《なかま》は真《しん》相《そう》

**22** 心《しん》配《ぱい》の仲間《なかま》は不《ふ》安《あん》

**23** 体《たい》験《けん》の仲間《なかま》は経《けい》験《けん》

**24** 見《けん》物《ぶつ》の仲間《なかま》は見《けん》学《がく》

**最後《さいご》に、同意語《どういご》をノートに「まっくろ大作戦《だいさくせん》」してみよう！**
**ノートは持《も》ってるかな？「まっくろ大作戦《だいさくせん》」のルールは一《ひと》つ。**
**「ノートに5回《かい》ずつ書《か》いて、ノートをまっくろにするだけ！」**

**〈書《か》く暗記《あんき》トレ〉**
**同意語《どういご》をひとりで**
**暗記《あんき》できたかな？**

参考文献……広田栄太郎＋鈴木棠三編『類語辞典』（東京堂出版）、教学研究社編集部編『力の5000題 小学高学年国語』（教学研究社）

## 〈読《よ》む暗記《あんき》トレ②〉あべこべリズムで反対語《はんたいご》

●これから、反対《はんたい》の意味《いみ》を持《も》つ言葉《ことば》（反対語《はんたいご》）を5回《かい》ずつ音読《おんどく》して暗記《あんき》していこう！　ひとりで暗記《あんき》できるかな？

1 赤《あか》字《じ》の反対《はんたい》は黒《くろ》字《じ》

2 質《しつ》問《もん》の反対《はんたい》は回《かい》答《とう》

3 悪《あく》意《い》の反対《はんたい》は善《ぜん》意《い》

4 辞《じ》任《にん》の反対《はんたい》は就《しゅう》任《にん》

5 悪《あく》評《ひょう》の反対《はんたい》は好《こう》評《ひょう》

**印象《いんしょう》に残《のこ》る歌《うた》**は自然《しぜん》と口《くち》ずさんでしまうもの。手拍子《てびょうし》しながら楽《たの》しく暗記《あんき》!!

替《か》え歌《うた》をつくる感覚《かんかく》だと楽《たの》しいよ

6 出《しゅっ》荷《か》の反《はん》対《たい》は入《にゅう》荷《か》

7 安《あん》価《か》の反《はん》対《たい》は高《こう》価《か》

8 出《しゅっ》勤《きん》の反《はん》対《たい》は欠《けっ》勤《きん》

9 暗《あん》黒《こく》の反《はん》対《たい》は光《こう》明《みょう》

10 出《しゅっ》席《せき》の反《はん》対《たい》は欠《けっ》席《せき》

11 安《あん》心《しん》の反《はん》対《たい》は心《しん》配《ぱい》

12 出《しゅっ》発《ぱつ》の反《はん》対《たい》は到《とう》着《ちゃく》

13 安《あん》全《ぜん》の反《はん》対《たい》は危《き》険《けん》

14 順《じゅん》調《ちょう》の反《はん》対《たい》は不《ふ》順《じゅん》

15 以《い》外《がい》の反《はん》対《たい》は以《い》内《ない》

16
勝因《しょういん》の反対《はんたい》は敗因《はいいん》

17
移出《いしゅつ》の反対《はんたい》は移入《いにゅう》

18
消火《しょうか》の反対《はんたい》は点火《てんか》

19
以上《いじょう》の反対《はんたい》は以下《いか》

20
少額《しょうがく》の反対《はんたい》は多額《たがく》

21
異常《いじょう》の反対《はんたい》は正常《せいじょう》

22
消極《しょうきょく》の反対《はんたい》は積極《せっきょく》

声《こえ》に出《だ》すことで両方《りょうほう》が頭《あたま》に記憶《きおく》されますよ!!

何度《なんど》もくりかえすと、意味《いみ》までスラスラ出《で》てくるようになるよ。

**23** 以《い》前《ぜん》の反対《はんたい》は以《い》後《ご》

**24** 勝《しょう》者《しゃ》の反対《はんたい》は敗《はい》者《しゃ》

**25** 少《しょう》量《りょう》の反対《はんたい》は多《た》量《りょう》

**26** 一《いち》部《ぶ》の反対《はんたい》は全《ぜん》部《ぶ》

**27** 上《じょう》品《ひん》の反対《はんたい》は下《げ》品《ひん》

**28** 内《ない》海《かい》の反対《はんたい》は外《がい》海《かい》

**29** 勝《しょう》利《り》の反対《はんたい》は敗《はい》北《ぼく》

**30** 雨《う》天《てん》の反対《はんたい》は晴《せい》天《てん》

**〈書《か》く暗記《あんき》トレ〉**

**反対語《はんたいご》をひとりで暗記《あんき》できたかな？**


**最後《さいご》に、反対語《はんたいご》をノートに「まっくろ大作戦《だいさくせん》」してみよう！**

**ノートは持《も》ってるかな？「まっくろ大作戦《だいさくせん》」のルールは一《ひと》つ。**

**「ノートに5回《かい》ずつ書《か》いて、ノートをまっくろにするだけ！」**


参考文献……反対語対照語辞典編纂委員会編『活用自在　反対語対照語辞典』（柏書房）、教学研究社編集部編『力の５０００題　小学高学年国語』（教学研究社）

# 第4章

# 全国版学力テストで塾生の8割が〝全国トップクラス〟になった！「読解力アップ」のコツ

## 「読解力」アップのカギは「音読→黙読→音読→黙読→音読」

スラスラと音読ができない子は、文章を読み解くことはできません。

何度も音読して、スムーズに読めるようになれば、「読解力」は自然と身につきます。

「読解力」をつけようと、焦ってやみくもに問題集ばかり解いても、残念ながら逆効果です。

**「読解力」をつけるシンプルで確実な方法――それは音読**です。

私の塾の子どもたちには、読解問題が出たときに、**最低5回**は読むように教えています。

**音読→黙読→音読→黙読→音読。**

まんなかに黙読をはさむのは、リズムと変化をつくって飽きにくくするためです。それが、ふだんから**長文を注意深く読むクセ**につながります。

黙って勉強していては、効果は半減します。

必ず、音読しましょう。

口に出す数が多ければ多いほど、記憶は定着します。子どもが黙読や黙って暗記の勉強をしていたら、

**「必ず、口に出して覚えようね！」**

と声をかけてあげてください。

音読すると、日本語の文章のリズムや書き言葉と話し言葉のちがいもわかるようになります。

そして、徐々に語彙が増えてきます。

人前で文章を読めば、当然聞き手を意識するので、話すスピードを考えて、はっきりと発音するようになります。

子どもの頃から音読に慣れておけば、**進学や就職の面接のときも大きな武器**になります。

## 今日からできる！
## 最もカンタンな「国語力」アップ法

子どもが家庭で音読をはじめたら、お母さんの出番です。

1日たった5分。

教科書の音読を聞くと、子どもの「国語力の現在地」がわかるので、ひらがなやカタカナを読みまちがえないか、漢字がきちんと読めるか、文章の内容や熟語などがわかっているかを確認しましょう。

お母さんが音読を聞いてくれて、「上手になったね」とほめてもらうことで、子どもに、やる気が出ます。

いますぐにできる、最もカンタンな「国語力」アップ法——それは音読です。

**音読が「国語力」をつける第一歩**なのです。

## 「沿線」を「浴線」とまちがって覚えてしまう子

まちがって覚えてしまっては、元も子もありません。

第2章で紹介したように、私の塾では「まっくろ大作戦」という勉強法で、子どもに漢字を暗記させています。

でも、最近、漢字のまちがいの多さが目立つようになってきました。

「トメ」「ハネ」「ハライ」だけではありません。

たとえば、漢字ドリルの「沿線」を「浴線」とまちがって書き写したり、「緑」を「縁」と確認をしないでノートに書き進める子がいます。

ふだんパソコンや携帯電話を使うため、文字を書く機会が減っていることも影響しているのでしょう。でも、ドリルの字を正確に書き写せない子が多いことに、私はとてもショックを受けました。

それを防ぐために私は、子どもが漢字ドリルからノートに書き写していた作業をやめさせました。代わりに講師がホワイトボードに大きく漢字を書き、「トメ」や「ハネ」を色ちがいで分類して、子どもたちに注意点を説明してから、ノートに書き写させるようにしました。

教える側にとっては手間がかかりますが、この方法で子どもたちの誤字がずいぶん減りました。

## 読解問題で減点されない答え方

国語で100点満点を取る方法があります。コツは、減点されない答えを書くこと。

なぜなら、**国語の採点が「減点法」**だからです。

せっかく音読して読解力を鍛えても、漢字をまちがえたり、主語や述語が抜けていると、国語で高得点は取れません。

逆に言うと、ミスをなくせば、国語で全国トップクラスに入るのは、目前と言えるでしょう。

たとえば、漢字は合っているのに、「トメ」「ハネ」がしっかり書けていなければ、減点対象になります。

主語やキーワードが抜けていても減点、字が乱れて汚くても減点……。特に、難関中学入試では、厳しく減点される傾向にあります。

とはいえ、難しく考えることはありません。

うっかりミスに注意して、カンペキな解答をつくることに集中するために、どうすればいいのか。その秘訣が**模範解答の暗記**です。

私の塾では、問題を解いたあと、**講師が読み上げる模範解答を赤字できちんと書き取らせて、声に出して読ませていきます。**

そうやって、模範解答のパターンを覚え込ませていきます。

136ページ以降に、「ひとりde学習ドリル」として、読解問題をつくってみました。

## 「見返りを求めない言葉がけ」「Do＋～ing」で子どもが変わる！

このあたりまでくると、お母さんの思うように子どもの学習進度が進まずに悩まれている方もおられるかもしれません。

そんなときには、つい怒りに任せて大声を出したり、叩いてしまいそうになる方もいらっしゃるでしょう。私の塾にも実際、

「子どもを怒鳴ったら、家を飛び出してしまいました……」

「今日、授業中、子どもに元気がなければ、私が出がけに叩いたせいです」

など、塾生のお母さんから私に、真情を吐露するメールをたくさんいただきます。

前著『子どもの成績は、お母さんの言葉で9割変わる！』で、お母さんの言葉の影響力に触れてから、塾生以外の一般のお母さんからもご相談が増えました。

「子どもが勉強しない」「反抗期で困る」「宿題をしょっちゅう忘れる」「教育費のためにがんばって働いているのに……」

など、お母さんの言い分はよくわかります。でも、「子どもをいくら叩いたり怒鳴ったりしても、すっきりするどころか、逆に自分を責め、落ち込みました」とおっしゃるお母さんがほとんどです。

かくいう私も前著で告白したとおり、わが子への否定的な言葉がけで、子どものやる気をそいできた苦い記憶があります。

子どもが勉強しない苛立《いらだ》ちを抑えられずに、子どもに手を出したこともありました。娘や息子に笑顔で、当時の思い出話をされるたび、チクリと私の胸が痛みます。

また、「子どもを叩いたら、反対になぐり返されました」というご相談もあります。

小さい頃は、親に叱られ、じっと耐えていた子どもも、体が大きくなるにつれて力もついてくるので、親に反撃する子も出てきます。

最初から親に危害を加えるのが目的ではなく、親からなぐられることへの防衛本能が働き、思わず身を護ろうとして反撃するケースも多いのかもしれません。

ただ、その結果、親は子どもに突き飛ばされたり、なぐられたりすることになります。

子どもが親に手を出すのは、**想像以上に子ども自身が傷つく**ので、お母さんには、子どもを加害者にしないためにも、できるだけ言葉に気をつけて、手を出すことを控えてくださいとお願いしています。

それでは、理想的な言葉がけとは、どういうものでしょうか。

私の場合は、息子の反抗期にずいぶん苦労しました。

それまで、私自身が上から抑えつけた命令口調だったため、息子の反発は強く、必要なこと以外、まったく話さなくなったのです。

学校では、楽しそうにすごしている様子でしたが、家庭ではそっけない態度が続きました。家庭内には重い空気が流れました。

どうすればいいのか……。

悩んだ末に見つけたのが、**見返りを求めない言葉がけ――「Do +〜 ing」**でした。

これは、子どもの行動や動作をそのまま「〜しているね」と言うだけです。

この方法を試した結果、家の雰囲気がよくなりました。

少し説明しましょう。

中学英語で習った現在進行形を覚えていますか？

現在進行形は、「be +〜 ing」ですが、私の「Do +〜 ing」というのは、行動をすべて進行形にして言葉がけに変えるというものです。

たとえば、子どもがいま、ノートに「まっくろ大作戦」をしているときには、**「きれいな字を書いているね」**とか、**「ノートの取り方が上手だね」**などです。できるだけ、動作に注目して、声をかけてあげてください。それだけで、お母さんが学習姿勢を応援している気持ちが、子どもに伝わります。

次に、子どもがひとりで学習を進めていくうえで、お母さんに気をつけていただきたいことは、最初に設定した時間を守るということです。最初のうちは、15分程度でいいでしょう。慣れてきたら、徐々に延ばしていきましょう。

最後に、**「はじめ」と「おわり」を明確にします。**

**「さあ、はじめよう」**と**「そろそろおわりにしようね」**という言葉は、必ずかけてください。あとは、子どもがひとりで学習をしているときに、**「ひとりでできているね」**とか、**「静かに勉強しているね！」**など、子どもの状態に対して言葉をかけるといいでしょう。

ひとりde学習《がくしゅう》ドリル【読解問題編《どっかいもんだいへん》】
低《てい》・中学年向《ちゅうがくねんむ》け〈くりかえし5回《かい》コース〉

## 新美南吉《にいみなんきち》『ごん狐《ぎつね》』

〈作者紹介《さくしゃしょうかい》〉新美南吉《にいみなんきち》

愛知県出身《あいちけんしゅっしん》。18歳《さい》で上京《じょうきょう》し、北原白秋《きたはらはくしゅう》の門下《もんか》で童謡誌《どうようし》『チチノキ』の同《どう》人《じん》に。ついで、鈴木三重吉主宰《すずきみえきちしゅさい》の『赤《あか》い鳥《とり》』に童話作品《どうわさくひん》を次々《つぎつぎ》に発表《はっぴょう》。しかし、在京中《ざいきょうちゅう》に病《やまい》に倒《たお》れ、帰郷後《ききょうご》、わずか29歳《さい》で没《ぼっ》した。

これは『ごん狐《ぎつね》』という物語《ものがたり》です。
これから「読《よ》むチカラ」をつけるために、62ページでやった「カウント大作《だいさく》戦《せん》」を思《おも》い出《だ》してくりかえしてみよう！

（用意《ようい》するもの）鉛筆《えんぴつ》（Bか2B）、消《け》しゴム、ノート、赤《あか》ペン

❶この〈文章《ぶんしょう》〉をひとりで5回音読《かいおんどく》してみよう！ 1回読《かいよ》めたら□に☑をしようね。□は文末《ぶんまつ》にあるよ！

一

これは、私《わたし》が小さいときに、村《むら》の茂平《もへい》というおじさんからきいたお話《はなし》です。

むかしは、私《わたし》たちの村《むら》のちかくの、中山《なかやま》というところに小《ちい》さなお城《しろ》があって、中山《なかやま》さまというおとのさまが、おられたそうです。

その中山《なかやま》から、少《すこ》しはなれた山《やま》の中《なか》に、「ごん狐《ぎつね》」という狐《きつね》がいました。ごんは、一人《ひとり》ぼっちの小狐《こぎつね》で、しだの一《いっ》ぱいしげった森《もり》の中《なか》に穴《あな》をほって住《す》んでいました。そして、夜《よる》でも昼《ひる》でも、あたりの村《むら》へ出《で》てきて、いたずらばかりしました。（中略《ちゅうりゃく》）

ごんは、村《むら》の小川《おがわ》の堤《つつみ》まで出《で》て来《き》ました。（中略《ちゅうりゃく》）

ふと見《み》ると、ア川《かわ》の中《なか》に人《ひと》がいて、イ何《なに》かやっています。（中略《ちゅうりゃく》）

「兵十《ひょうじゅう》だな」と、ごんは思《おも》いました。兵十《ひょうじゅう》はぼろぼろの黒《くろ》いきものをまくし上《あ》げて、腰《こし》のところまで水《みず》にひたりながら、魚《さかな》をとる、はりきりという、網《あみ》をゆすぶっていました。（中略《ちゅうりゃく》）ごんはびくの中《なか》の魚《さかな》をつかみ出《だ》しては、はりきり網《あみ》のかかっているところより下手《しもて》の川《かわ》の中《なか》を目《め》がけて、ぽんぽんなげこみました。（中略《ちゅうりゃく》）

一《いち》ばんしまいに、太《ふと》いうなぎをつかみにかかりましたが、何《なに》しろぬるぬるとすべりぬけるので、手《て》ではつかめません。（中略《ちゅうりゃく》）うなぎは、キュッと言《い》ってごんの首《くび》へまきつきました。そのとたんに兵十《ひょうじゅう》が、向《む》うから、

「うわアぬすと狐《ぎつね》め」と、㋒<u>どなりたてました</u>。ごんは、びっくりしてとびあがりました。（中略《ちゅうりゃく》）ごんは㋓<u>そのまま</u>横《よこ》っとびにとび出《だ》して一《いっ》しょうけんめいに、にげていきました。（後略《こうりゃく》）

（例《れい》）☑　□□□□□

ひとりで読《よ》めたかな？　それから☑もできたかな？

次《つぎ》は「書《か》くチカラ」をつけるために、「まっくろ大作戦《だいさくせん》」してみよう！

❷ノートは持《も》っているかな？　いまから「まっくろ大作戦《だいさくせん》」をしていくよ。
「まっくろ大作戦《だいさくせん》」のルールは一《ひと》つ。
「ノートに5回《かい》ずつ書《か》いて、ノートをまっくろにするだけ！」

❸次《つぎ》は、左《ひだり》の〈問題《もんだい》〉を、それぞれ解《と》いてみよう！　ひとりでできるかな？

(1)山《やま》の中《なか》に住《す》んでいた狐《きつね》は、何《なん》という名前《なまえ》ですか。

（　　　　　　　　　　）

(2)山《やま》の中《なか》に住《す》んでいた狐《きつね》は、どんな性格《せいかく》で、どのようにくらしていましたか。

〔　　　　　　　　　　　　　　　〕

(3)――線《せん》ア「川《かわ》の中《なか》に人《ひと》がいて」とありますが、小川《おがわ》にいたのは誰《だれ》ですか。

〔　　　　　　　　　　　　　　　〕

(4)――線《せん》イ「何かやっています」とありますが、小川《おがわ》にいた人《ひと》は、何《なに》をしていましたか。

〔　　　　　　　　　　　　　　　〕

(5)――線《せん》ウ「どなりたてました」とありますが、兵十《ひょうじゅう》はなぜ、ごんをどなりたてたのですか。

〔　　　　　　　　　　　　　　　〕

(6)――線《せん》エ「そのまま」とありますが、ごんはどういう状態《じょうたい》のまま、逃《に》げ出《だ》したのですか。

〔　　　　　　　　　　　　　　　〕

❹ひとりでできたかな？　じゃあ、次《つぎ》は答《こた》え合《あ》わせだよ！
赤《あか》ペンを持《も》ったら、左《ひだり》の模範解答《もはんかいとう》と比《くら》べてみよう！
合《あ》っていたら「○」、まちがっていたら「×」だよ！

❺ひとりでできたかな？　次《つぎ》は左《ひだり》の問題《もんだい》と模範解答《もはんかいとう》を5回音読《かいおんどく》してみよう！
できたら□に☑をしようね。□は文《ぶん》の最後《さいご》にあるよ！

5回《かい》音読《おんどく》

(1)山《やま》の中《なか》に住《す》んでいた狐《きつね》は、何《なん》という名前《なまえ》ですか。（という質問《しつもん》に対《たい》して模範解答《もはんかいとう》は）
〔　ごん狐《ぎつね》（または、）ごん　〕（と答《こた》えます）

（例《れい》）☑□□□□□

5回《かい》音読《おんどく》

(2)山《やま》の中《なか》に住《す》んでいた狐《きつね》は、どんな性格《せいかく》で、どのようにくらしていましたか。（という質問《しつもん》に対《たい》して模範解答《もはんかいとう》は）〔　いたずら好《ず》きな性格《せいかく》で、ひとりぼっちでくらしていた　〕（と答《こた》えます）

※減点《げんてん》される答《こた》えの書《か》き方《かた》は、（　いたずらばかりしていた　）。これだと、「性格《せいかく》」と「くらし方《かた》」の両方《りょうほう》に答《こた》えていないので減点《げんてん》。

(例《れい》) ☑ □□□□

5回《かい》音読《おんどく》

(3) ——線《せん》㋐「川《かわ》の中《なか》に人《ひと》がいて」とありますが、小川《おがわ》にいたのは誰《だれ》ですか。（という質問《しつもん》に対《たい》して模範解答《もはんかいとう》は）（　兵十《ひょうじゅう》　）（と答《こた》えます）

(例《れい》) ☑ □□□□

5回《かい》音読《おんどく》

(4) ——線《せん》㋑「何《なに》かやっています」とありますが、小川《おがわ》にいた人《ひと》は、何《なに》をしていましたか。（という質問《しつもん》に対《たい》して模範解答《もはんかいとう》は）（　魚《さかな》をとっていた　）（と答《こた》えます）

※減点《げんてん》される答《こた》えの書《か》き方《かた》は、（　何《なに》かやっています　）。これだと、具体的《ぐたいてき》に書《か》いていないので0点《てん》。

(例《れい》) ☑ □□□□

5回《かい》音読《おんどく》

(5) ——線《せん》㋒「どなりたてました」とありますが、兵十《ひょうじゅう》はなぜ、ごんをどなりたてたのですか。（という質問《しつもん》に対《たい》して模範解答《もはんかいとう》は）（　ごんがいたずらをしているのを見《み》つけたから　）（と答《こた》えます）

※減点《げんてん》される答《こた》えの書《か》き方《かた》は、（ごんを見《み》つけた）。これだと、「誰《だれ》が」「何《なに》をしている」のを見《み》つけたのかが書《か》かれていない。また、「～だから」と書《か》かれていないので減点《げんてん》。

（例《れい》）☑□□□□□

5回《かい》音読《おんどく》

(6) ——線《せん》㊁「そのまま」とありますが、ごんはどういう状態《じょうたい》のまま、逃《に》げ出《だ》したのですか。（という質問《しつもん》に対《たい》して模範解答《もはんかいとう》は）（うなぎを首《くび》にまきつけた状態《じょうたい》で逃《に》げ出《だ》した）（と答《こた》えます）

※「～な状態《じょうたい》」と書《か》かれていないものは減点《げんてん》。

（例《れい》）☑□□□□□

❻ じゃあ最後《さいご》に〈確認《かくにん》テスト〉をしてみよう！
何《なに》も見《み》ずに、いま覚《おぼ》えた答《こた》えをもう1回《かい》書《か》いてみよう！

(1) 山《やま》の中《なか》に住《す》んでいた狐《きつね》は、何《なん》という名前《なまえ》ですか。

（　　　　　　）

(2)山《やま》の中《なか》に住《す》んでいた狐《きつね》は、どんな性格《せいかく》で、どのようにくらしていましたか。

〔　　　　　　　　　　　　　　　　〕

(3)――線《せん》ア「川《かわ》の中《なか》に人《ひと》がいて」とありますが、小川《おがわ》にいたのは誰《だれ》ですか。

〔　　　　　　　　　　　　　　　　〕

(4)――線《せん》イ「何かやっています」とありますが、小川《おがわ》にいた人《ひと》は、何《なに》をしていましたか。

〔　　　　　　　　　　　　　　　　〕

(5)――線《せん》ウ「どなりたてました」とありますが、兵十《ひょうじゅう》はなぜ、ごんをどなりたてたのですか。

〔　　　　　　　　　　　　　　　　〕

(6)――線《せん》エ「そのまま」とありますが、ごんはどういう状態《じょうたい》のまま、逃《に》げ出《だ》したのですか。

〔　　　　　　　　　　　　　　　　〕

ひとりで書《か》けたかな？　これがカンペキな答《こた》え方《かた》だよ！　これを覚《おぼ》えようね！　そうすれば、次《つぎ》からはカンタンに１００点《てん》が取《と》れるよ！

これから「読《よ》むチカラ」をつけるために、62ページでやった「カウント大作《だいさく》戦《せん》」を思《おも》い出《だ》してくりかえしてみよう！

（用意《ようい》するもの）　鉛筆《えんぴつ》（Bか2B）、消《け》しゴム、ノート、赤《あか》ペン

❶次《つぎ》の〈文章《ぶんしょう》〉をひとりで5回音読《かいおんどく》してみよう！　1回読《かいよ》めたら□に☑をしようね。□は文末《ぶんまつ》にあるよ！

四（※スペースの都合上、二と三は省略）

（前略《ぜんりゃく》）それは、兵十《ひょうじゅう》と加助《かすけ》というお百姓《ひゃくしょう》でした。

「そうそう、なあ加助《かすけ》」と、兵十《ひょうじゅう》がいいました。（中略《ちゅうりゃく》）

「おっ母《かあ》が死《し》んでからは、だれだか知《し》らんが、ア おれに栗《くり》やまつたけなんかを、まいにちまいにちくれるんだよ」（中略《ちゅうりゃく》）

「ほんとかい？」（中略《ちゅうりゃく》）

五

（前略《ぜんりゃく》）お城《しろ》の前《まえ》まで来《き》たとき、加助《かすけ》が言《い》い出《だ》しました。

「さっきの話《はなし》は、きっと、そりゃあ、神《かみ》さまのしわざだぞ」

「えっ？」と、兵十《ひょうじゅう》はびっくりして、加助《かすけ》の顔《かお》を見《み》ました。（中略《ちゅうりゃく》）

ごんは、へえ、こいつはつまらないなと思《おも》いました。おれが、栗《くり》や松《まつ》たけを持《も》っていってやるのに、そのおれにはお礼《れい》をいわないで、神《かみ》さまにお礼《れい》をいうんじゃア、おれは、引《ひ》き合《あ》わないなあ。

六

（前略《ぜんりゃく》）兵十《ひょうじゅう》は立《た》ちあがって、納屋《なや》にかけてある火縄銃《ひなわじゅう》をとって、火薬《かやく》をつめました。

そして足音《あしおと》をしのばせてちかよって、今戸口《いまとぐち》を出《で》ようとするごんを、ドンと、うちました。（中略《ちゅうりゃく》）

「おや」と㋑兵十《ひょうじゅう》は、びっくりしてごんに目《め》を落《お》しました。

「ごん、お前《まい》だったのか。いつも栗《くり》をくれたのは」

ごんは、ぐったりと目《め》をつぶったまま、うなずきました。

兵十《ひょうじゅう》は火縄銃《ひなわじゅう》をばたりと、とり落《おと》しました。青《あお》い煙《けむり》が、まだ筒口《つつぐち》から細《ほそ》く出《で》ていました。

（例《れい》）☑ □□□□□

ひとりで読《よ》めたかな？　それから☑もできたかな？

次《つぎ》は「書《か》くチカラ」をつけるために、「まっくろ大作戦《だいさくせん》」してみよう！

❷ノートは持《も》っているかな？　いまから「まっくろ大作戦《だいさくせん》」をしていくよ。
「まっくろ大作戦《だいさくせん》」のルールは一《ひと》つ。
「ノートに5回《かい》ずつ書《か》いて、ノートをまっくろにするだけ！」

❸次《つぎ》は、左《ひだり》の〈問題《もんだい》〉を、それぞれ解《と》いてみよう！　ひとりでできるかな？

(1) ——線《せん》ア「おれに栗《くり》やまつたけなんかを、まいにちまいにちくれるんだよ」とありますが、兵十《ひょうじゅう》の家《いえ》に栗《くり》やまつたけを持《も》っていったのは誰《だれ》ですか。

〔　　　　〕

(2) 2人《ふたり》の会話《かいわ》を聞《き》いて、ごんはどんな気持《きも》ちになりましたか。

（　　　　　　　　　　　　　　　　　　　　　）

(3) ——線《せん》イ「兵十《ひょうじゅう》は、びっくりしてごんに目《め》を落《お》としました」とありますが、兵十《ひょうじゅう》はなぜびっくりしたのですか。

（　　　　　　　　　　　　　　　　　　　　　）

❹ひとりでできたかな？　じゃあ、次《つぎ》は答《こた》え合《あ》わせだよ！
赤《あか》ペンを持《も》ったら、150ページの模範解答《もはんかいとう》と比《くら》べてみよう！
合《あ》っていたら「○」、まちがっていたら「×」だよ！

❺ひとりでできたかな？　次《つぎ》は150ページの問題《もんだい》と模範解答《もはんかいとう》を5回音読《かいおんどく》してみよう！　できたら□に☑をしようね。□は文末《ぶんまつ》にあるよ！

5回《かい》音読《おんどく》

(1) ――線《せん》ア「おれに栗《くり》やまつたけなんかを、まいにちまいにちくれるんだよ」とありますが、兵十《ひょうじゅう》の家《いえ》に栗《くり》やまつたけを持《も》っていったのは誰《だれ》ですか。（という質問《しつもん》に対《たい》して模範解答《もはんかいとう》は）〔 ごん 〕（と答《こた》えます）

(例《れい》) ☑ □□□□□

5回《かい》音読《おんどく》

(2) 2人《ふたり》の会話《かいわ》を聞《き》いて、ごんはどんな気持《きも》ちになりましたか。（という質問《しつもん》に対《たい》して模範解答《もはんかいとう》は）〔 栗《くり》やまつたけを持《も》っていったのは自分《じぶん》なのに、つまらないという気持《きも》ち 〕（と答《こた》えます）

※「〜という気持《きも》ち」がないものは減点《げんてん》。

(例《れい》) ☑ □□□□□

5回《かい》音読《おんどく》

(3) ――線《せん》イ「兵十《ひょうじゅう》は、びっくりしてごんに目《め》を落《お》としました」とありますが、兵十《ひょうじゅう》はなぜびっくりしたのですか。（という質問《しつもん》に対《たい》して模範解答《もはんかいとう》は）〔 栗《くり》やまつたけを持《も》ってきていたのはごんだと気《き》づいたから 〕（と答《こた》えます）

※まちがい解答《かいとう》〔 栗《くり》を持《も》ってきていたのはごんだということ 〕。これだと、「〜

から」がないので減点《げんてん》。

例《れい》　☑　□□□□□

❻じゃあ最後《さいご》に〈確認《かくにん》テスト〉をしてみよう！
何《なに》も見《み》ずに、いま覚《おぼ》えた答《こた》えをもう1回《かい》書《か》いてみよう！

(1)　――線《せん》㋐「おれに栗《くり》やまつたけなんかを、まいにちまいにちくれるんだよ」とありますが、兵十《ひょうじゅう》の家《いえ》に栗《くり》やまつたけを持《も》っていったのは誰《だれ》ですか。

〔　　　　　　〕

(2)　2人《ふたり》の会話《かいわ》を聞《き》いて、ごんはどんな気持《きも》ちになりましたか。

〔　　　　　　〕

(3)　――線《せん》㋑「兵十《ひょうじゅう》は、びっくりしてごんに目《め》を落《お》としました」とありますが、兵十《ひょうじゅう》はなぜびっくりしたのですか。

〔　　　　　　〕

## 宮沢賢治《みやざわけんじ》『セロ弾《ひ》きのゴーシュ』

〈作者紹介《さくしゃしょうかい》〉宮沢賢治《みやざわけんじ》

岩手県花巻《いわてけんはなまき》に生《う》まれる。盛岡高等農林農学科《もりおかこうとうのうりんのうがっか》に在学中《ざいがくちゅう》に日蓮宗《にちれんしゅう》を信仰《しんこう》するようになる。稗貫農学校《ひえぬきのうがっこう》の教諭《きょうゆ》をしながら、詩《し》や童話《どうわ》を書《か》いた。『春《はる》と修羅《しゅら》』は生前刊行《せいぜんかんこう》された唯一《ゆいいつ》の詩集《ししゅう》。農民《のうみん》の暮《く》らしを知《し》るようになって、農学校《のうがっこう》を退職《たいしょく》し、自《みずか》らも開墾生活《かいこんせいかつ》をしつつ羅須地人協会《らすちじんきょうかい》を設《せつ》立《りつ》し、稲作指導《いなさくしどう》をしたり、農民芸術《のうみんげいじゅつ》の必要《ひつよう》を説《と》いた。

これは『セロ弾《ひ》きのゴーシュ』という物語《ものがたり》です。
これから「読《よ》むチカラ」をつけるために、62ページでやった「カウント大作《だいさく》戦《せん》」を思《おも》い出《だ》してくりかえしてみよう！

（用意《ようい》するもの）　鉛筆《えんぴつ》（Bか2B）、消《け》しゴム、ノート、赤《あか》ペン

❶この〈文章《ぶんしょう》〉をひとりで**10回音読《かいおんどく》**してみよう！　1回《かい》読《よ》めたら□に☑をしようね。□は文末《ぶんまつ》にあるよ！

ゴーシュは町《まち》の活動写真館《かつどうしゃしんかん》で㋐セロを弾《ひ》く係《かか》りでした。けれどもあんまり上手《じょうず》でないという評判《ひょうばん》でした。（中略《ちゅうりゃく》）

「だめだ。まるでなっていない。このへんは曲《きょく》の心臓《しんぞう》なんだ。（中略《ちゅうりゃく》）おいゴーシュ君《くん》。君《きみ》には困《こま》るんだがなあ。表情《ひょうじょう》ということがまるでできてない。怒《おこ》るも喜《よろこ》ぶも感情《かんじょう》というものがさっぱり出《で》ないんだ。それにどうしてもぴたっと外《ほか》の楽器《がっき》と合《あ》わないものなあ。」（中略《ちゅうりゃく》）

その晩遅《ばんおそ》くゴーシュは イ何《なに》か巨《おお》きな黒《くろ》いものをしょってじぶんの家《いえ》へ帰《かえ》ってきました。（中略《ちゅうりゃく》）あの夕方《ゆうがた》のごつごつしたセロでした。ゴーシュはそれを床《ゆか》の上《うえ》にそっと置《お》くと、いきなり棚《たな》からコップをとってバケツの水《みず》をごくごくのみました。（中略《ちゅうりゃく》）

　そのとき誰《たれ》かうしろの扉《と》をとんとんと叩《たた》くものがありました。

「ホーシュ君《くん》か。」ゴーシュはねぼけたように叫《さけ》びました。ところがすうと扉《と》を押《お》してはいって来《き》たのはいままで五六《ごろっ》ぺん見《み》たことのある大《おお》きな三毛猫《みけねこ》でした。

　ゴーシュの畑《はたけ》からとった半分熟《はんぶんじゅく》したトマトをさも重《おも》そうに持《も》って来《き》てゴーシュの前《まえ》におろして云《い》いました。

「ああくたびれた。なかなか運搬《うんぱん》はひどいやな。」

「何《なん》だと」ゴーシュがききました。（中略《ちゅうりゃく》）

「生意気《なまいき》だ。生意気《なまいき》だ。生意気《なまいき》だ。」

㋒ゴーシュはすっかりまっ赤《か》になってひるま楽長《がくちょう》のしたように足《あし》ぶみしてどなりましたが　㋓にわかに気《き》を変《か》えて云《い》いました。

「では弾《ひ》くよ。」（中略《ちゅうりゃく》）

それからまるで嵐《あらし》のような勢《いきおい》で「印度《インド》の虎狩《とらがり》」という譜《ふ》を弾《ひ》きはじめました。

すると猫《ねこ》はしばらく首《くび》をまげて聞《き》いていましたが　㋔いきなりパチパチパチッと眼《め》をしたかと思《おも》うとぱっと扉《と》の方《ほう》へ飛《と》びのきました。（中略《ちゅうりゃく》）しまいは猫《ねこ》はまるで風車《ふうしゃ》のようにぐるぐるぐるぐるゴーシュをまわりました。（中略《ちゅうりゃく》）

ゴーシュはしばらく面白《おもしろ》そうに見《み》ていましたが

㋕「出《だ》してやるよ。もう来《く》るなよ。ばか。」（中略《ちゅうりゃく》）

それから、やっとせいせいしたというようにぐっすりねむりました。

（例《れい》）☑　□□□□□□□□□□

ひとりで読《よ》めたかな？　それから☑もできたかな？

次は「書《か》くチカラ」をつけるために、「まっくろ大作戦《だいさくせん》」してみよう！

❷ノートは持《も》っているかな？　いまから「まっくろ大作戦《だいさくせん》」をしていくよ。

「まっくろ大作戦《だいさくせん》」のルールは一《ひと》つ。

「ノートに10回《かい》ずつ書《か》いて、ノートをまっくろにするだけ！」

❸次《つぎ》は、左《ひだり》の〈問題《もんだい》〉を、それぞれ解《と》いてみよう！　ひとりでできるかな？

(1) ――線《せん》ア「セロを弾《ひ》く係《かか》り」とは、誰《だれ》ですか。

〔　　　　〕

(2) (1)の人物《じんぶつ》の、セロの腕前《うでまえ》の評判《ひょうばん》はどうでしたか。

〔　　　　〕

(3) ――線《せん》イ「何《なに》か巨《おお》きな黒《くろ》いもの」とは何《なん》ですか。
（　　　　　　　　　　　　　　　　　）

(4) ――線《せん》ウ「ゴーシュは～足《あし》ぶみしてどなりました」とありますが、ゴーシュはこのとき、誰《だれ》のどんな態度《たいど》に怒《おこ》っていたのですか。
（　　　　　　　　　　　　　　　　　）

(5) ――線《せん》エ「にわかに気《き》を変《か》えて」とありますが、怒《おこ》っていたゴーシュが、「にわかに気《き》を変《か》えて」演奏《えんそう》したのはなぜですか。
（　　　　　　　　　　　　　　　　　）

(6) ――線《せん》オ「いきなり～まわりました」とありますが、これは猫《ねこ》のどんな様《よう》子《す》を表《あらわ》していますか。
（　　　　　　　　　　　　　　　　　）

(7) ――線《せん》カ「出《だ》してやるよ」とありますが、猫《ねこ》を家《いえ》から出《だ》したゴーシュは、どんな気持《きも》ちでしたか。
（　　　　　　　　　　　　　　　　　）

❹ひとりでできたかな？　じゃあ、次《つぎ》は答《こた》え合《あ》わせだよ！
赤《あか》ペンを持《も》ったら、左《ひだり》の模範解答《もはんかいとう》と比《くら》べてみよう！
合《あ》っていたら「○」、まちがっていたら「×」だよ！

❺ひとりでできたかな？　次《つぎ》は、左《ひだり》の問題《もんだい》と模範解答《もはんかいとう》を10回音読《かいおんどく》してみよう！　できたら□に☑をしようね。□は文末《ぶんまつ》にあるよ！

10回《かい》音読《おんどく》

(1) ——線《せん》ア「セロを弾《ひ》く係《かか》り」とは、誰《だれ》ですか。（という質問《しつもん》に対《たい》して模範解答《もはんかいとう》は）
（　ゴーシュ　）（と答《こた》えます）

（例《れい》）☑　□□□□□□□□□

10回《かい》音読《おんどく》

(2) (1)の人物《じんぶつ》の、セロの腕前《うでまえ》の評判《ひょうばん》はどうでしたか。（という質問《しつもん》に対《たい》して模範解答《もはんかいとう》は）（　あんまり上手《じょうず》でないという評判《ひょうばん》　）（と答《こた》えます）
※まちがい解答《かいとう》（　あんまり上手《じょうず》でない　）。これだと、「～という評判《ひょうばん》」と書《か》か

れていないので減点《げんてん》。

（例《れい》）☑ □□□□□□□□□□

10回《かい》音読《おんどく》

(3) ——線《せん》イ「何《れい》か巨《おお》きな黒《くろ》いもの」とは何《なん》ですか。（という質問《しつもん》に対《たい》して模範解答《もはんかいとう》は）

（ゴーシュのごつごつしたセロ）（と答《こた》えます）

（例《れい》）☑ □□□□□□□□□□

10回《かい》音読《おんどく》

(4) ——線《せん》ウ「ゴーシュは～足《あし》ぶみしてどなりました」とありますが、ゴーシュはこのとき、誰《だれ》のどんな態度《たいど》に怒《おこ》っていたのですか。（という質問《しつもん》に対《たい》して模範解答《もはんかいとう》は）

（三毛猫《みけねこ》の生意気《なまいき》な態度《たいど》）（と答《こた》えます）

※「誰《だれ》の」と「どんな態度《たいど》」の両方《りょうほう》について書《か》かれていなければ減点《げんてん》。

（例《れい》）☑ □□□□□□□□□□

10回《かい》音読《おんどく》

(5) ——線《せん》エ「にわかに気《き》を変《か》えて」とありますが、怒《おこ》っていたゴーシュが、「にわかに気《き》を変《か》えて」演奏《えんそう》したのはなぜですか。（という質問《しつもん》に対《たい》して模範解答《もはんかいとう》は）（猫《ねこ》をこらしめてやりたくなったから）（と答《こた》えます）

※「〜から」と書《か》かれていなければ減点《げんてん》。

(例《れい》) ☑ □□□□□□□□□□□

10回《かい》音読《おんどく》

(6) ——線《せん》オ「いきなり〜まわりました」とありますが、これは猫《ねこ》のどんな様子《ようす》を表《あらわ》していますか。（という質問《しつもん》に対《たい》して模範解答《もはんかいとう》は）（ゴーシュの演奏《えんそう》にびっくりしている様子《ようす》）（と答《こた》えます）

※まちがい解答《かいとう》（ゴーシュの演奏《えんそう》にびっくりした）。これだと、「〜な様子《ようす》」と書《か》かれていないので減点《げんてん》。

(例《れい》) ☑ □□□□□□□□□□□

10回《かい》音読《おんどく》

(7) ——線《せん》カ「出《で》してやるよ」とありますが、猫《ねこ》を家《いえ》から出《だ》したゴーシュは、どんな気持《きも》ちでしたか。（という質問《しつもん》に対《たい》して模範解答《もはんかいとう》は）（生意気《なまいき》な猫《ねこ》をこらしめる

ことができたので、すっきりした気持《きも》ち　〕（と答《こた》えます）

（例《れい》）☑　□□□□□□□□□□

❻じゃあ最後《さいご》に〈確認《かくにん》テスト〉をしてみよう！
何《なに》も見《み》ずに、いま覚《おぼ》えた答《こた》えをもう1回《かい》書《か》いてみよう！

(1) ——線《せん》ア「セロを弾《ひ》く係《かか》り」とは、誰《だれ》ですか。

〔　　　　　　　　〕

(2) (1)の人物《じんぶつ》の、セロの腕前《うでまえ》の評判《ひょうばん》はどうでしたか。

〔　　　　　　　　〕

(3) ——線《せん》イ「何《なに》か巨《おお》きな黒《くろ》いもの」とは何《なん》ですか。

〔　　　　　　　　〕

(4)——線《せん》ウ「ゴーシュは～足《あし》ぶみしてどなりました」とありますが、ゴーシュはこのとき、誰《だれ》のどんな態度《たいど》に怒《おこ》っていたのですか。

〔　　〕

(5)——線《せん》エ「にわかに気《き》を変《か》えて」とありますが、怒《おこ》っていたゴーシュが、「にわかに気《き》を変《か》えて」演奏《えんそう》したのはなぜですか。

〔　　〕

(6)——線《せん》オ「いきなり～まわりました」とありますが、これは猫《ねこ》のどんな様《よう》子《す》を表《あらわ》していますか。

〔　　〕

(7)——線《せん》カ「出《で》してやるよ」とありますが、猫《ねこ》を家《いえ》から出《で》したゴーシュは、どんな気《き》持《も》ちでしたか。

〔　　〕

ひとりで書《か》けたかな？　これがカンペキな答《こた》え方《かた》だよ！　これを覚《おぼ》えようね！

そうすれば、次《つぎ》からはカンタンに100点《てん》が取《と》れるよ！

これから「読《よ》むチカラ」をつけるために62ページでやった「カウント大作《だいさく》戦《せん》」を思《おも》い出《だ》してくりかえしてみよう！

（用意《ようい》するもの）　鉛筆《えんぴつ》（Bか2B）、消《け》しゴム、ノート、赤《あか》ペン

❶次の〈文章《ぶんしょう》〉をひとりで10回音読《かいおんどく》してみよう！　1回読《かいよ》めたら□に☑をしようね。□は文末《ぶんまつ》にあるよ！

(前略《ぜんりゃく》)
大《おお》きな白《しろ》いリボンを胸《むね》につけた司会者《しかいしゃ》がはいって来《き》ました。
「アンコールをやっていますが、何《なに》かみじかいものでもきかせてやってくださいませんか。」(中略《ちゅうりゃく》)
「だめだ。おい、ゴーシュ君《くん》、何《なに》か出《で》て弾《ひ》いてやってくれ。」(中略《ちゅうりゃく》)
「どこまでひとをばかにするんだ。**ア**よし見《み》ていろ。印度《インド》の虎狩《とらがり》をひいてやるから。」(中略《ちゅうりゃく》)
曲《きょく》が終《おわ》るとゴーシュはもうみんなの方《ほう》などは見《み》もせずちょうどその猫《ねこ》のように**イ**すばやくセロをもって楽屋《がくや》へ遁《に》げ込《こ》みました。(中略《ちゅうりゃく》)
すると**ウ**みんなが一《いっ》ぺんに顔《かお》をこっちへ向《む》けてゴーシュを見《み》ましたがやはり

まじめでべつにわらっているようでもありませんでした。
「こんやは変《へん》な晩《ばん》だなあ。」（中略《ちゅうりゃく》）
ところが楽長《がくちょう》は立《た》って云《い》いました。
「ゴーシュ君《くん》、よかったぞお。（中略《ちゅうりゃく》）エ十日前《とおかまえ》とくらべたらまるで赤ん坊《あかんぼう》と兵隊《へいたい》だ。やろうと思《おも》えばいつでもやれたんじゃないか、君《きみ》。」（中略《ちゅうりゃく》）
その晩遅《ばんおそ》くゴーシュは自分《じぶん》のうちへ帰《かえ》って来《き》ました。（中略《ちゅうりゃく》）
「ああかっこう。あのときはすまなかったなあ。おれは怒《おこ》ったんじゃなかったんだ。」と云《い》いました。

（例《れい》）☑　□□□□□□□□□□

ひとりで読《よ》めたかな？　それから☑もできたかな？

次《つぎ》は「書《か》くチカラ」をつけるために、「まっくろ大作戦《だいさくせん》」してみよう！

❷ノートは持《も》っているかな？　いまから「まっくろ大作戦《だいさくせん》」をしていくよ。
「まっくろ大作戦《だいさくせん》」のルールは一《ひと》つ。

「ノートに10回《かい》ずつ書《か》いて、ノートをまっくろにするだけ！」

❸左《ひだり》の〈問題《もんだい》〉を、それぞれ解《と》いてみよう！　ひとりでできるかな？

(1)――線《せん》㋐「よし見《み》ていろ」と言《い》ったゴーシュは、このとき、どんな気持《きも》ちでしたか。

（　　　　）

(2)――線《せん》㋑「すばやくセロをもって楽屋《がくや》へ遁《に》げ込《こ》みました」とありますが、ゴーシュは演奏《えんそう》が終《お》わったあと、なぜすばやく楽屋《がくや》へ遁《に》げ込《こ》んだのですか。

（　　　　）

(3)――線《せん》ウ「みんなが一《いっ》ぺんに顔《かお》をこっちへ向《む》けてゴーシュを見《み》ました」とありますが、みんながこうしたのはなぜだと考《かんが》えられますか。

〔　　　　〕

(4)――線《せん》エ「十日前《とおかまえ》とくらべたらまるで赤《あか》ん坊《ぼう》と兵隊《へいたい》だ」とありますが、この言葉《ことば》は、ゴーシュのどんな変化《へんか》を表《あらわ》していますか。

〔　　　　〕

❹ひとりでできたかな？　じゃあ、次《つぎ》は答《こた》え合《あ》わせだよ！
赤《あか》ペンを持《も》ったら、168～169ページの模範解答《もはんかいとう》と比《くら》べてみよう！　合《あ》っていたら「○」、まちがっていたら「×」だよ！

❺ひとりでできたかな？　次《つぎ》は168～169ページの問題《もんだい》と模範解答《もはんかいとう》を10回音読《かいおんどく》してみよう！　できたら□に☑をしようね。□は文末《ぶんまつ》にあるよ！

10回《かい》音読《おんどく》

(1) ――線《せん》ア「よし見《み》ていろ」と言《い》ったゴーシュは、このとき、どんな気持《きも》ちでしたか。

（という質問《しつもん》に対《たい》して模範解答《もはんかいとう》は）〔 みんなを見返《みかえ》してやろうという気持《きも》ち 〕

※「〜という気持《きも》ち」と書《か》かれていなければ減点《げんてん》。

(例《れい》) ☑ □□□□□□□□□□

10回《かい》音読《おんどく》

(2) ――線《せん》イ「すばやくセロをもって楽屋《がくや》へ遁《に》げ込《こ》みました」とありますが、ゴーシュは演奏《えんそう》が終《お》わったあと、なぜすばやく楽屋《がくや》へ遁《に》げ込《こ》んだのですか。（という質問《しつもん》に対《たい》して模範解答《もはんかいとう》は）〔 自分《じぶん》の演奏《えんそう》は下手《へた》で、恥《は》ずかしいと思《おも》ったから 〕

※「〜から」と書《か》かれていなければ減点《げんてん》。

(例《れい》) ☑ □□□□□□□□□□

10回《かい》音読《おんどく》

(3) ――線《せん》ウ「みんなが一《いっ》ぺんに顔《かお》をこっちへ向《む》けてゴーシュを見《み》ました」とありますが、みんながこうしたのはなぜだと考《かんが》えられますか。（という質問《しつもん》に対《たい》して模範解答《もはんかいとう》は）〔 ゴーシュの演奏《えんそう》が、実《じつ》はとても素晴《すば》らしくなっていたから 〕

※「〜から」と書《か》かれていなければ減点《げんてん》。

（例《れい》）☑□□□□□□□□□□

10回《かい》音読《おんどく》

(4) 線《せん》エ「十日前《とおかまえ》とくらべたらまるで赤《あか》ん坊《ぼう》と兵隊《へいたい》だ」とありますが、この言葉《ことば》は、ゴーシュのどんな変化《へんか》を表《あらわ》していますか。（という質問《しつもん》に対《たい》して模範解答《もはんかいとう》は）

〔ゴーシュの演奏《えんそう》が、格段《かくだん》に素晴《すば》らしくなったという変化《へんか》〕

※「〜という変化《へんか》」と書《か》かれていなければ減点《げんてん》。

（例《れい》）☑□□□□□□□□□□

❻じゃあ最後《さいご》に「確認《かくにん》テスト」をしてみよう！
何《なに》も見《み》ずに、いま覚《おぼ》えた答《こた》えをもう1回《かい》書《か》いてみよう！

(1) 線《せん》ア「よし見《み》ていろ」と言《い》ったゴーシュは、このとき、どんな気持《きも》ちでしたか。

〔　　　　　　　　　　〕

(2) 線《せん》イ「すばやくセロをもって楽屋《がくや》へ遁《に》げ込《こ》みました」とありますが、ゴーシュは演奏《えんそう》が終《お》わったあと、なぜすばやく楽屋《がくや》へ遁《に》げ込《こ》んだのですか。

（　　　　　　　　　　　　）

(3) 線《せん》ウ「みんなが一《いっ》ぺんに顔《かお》をこっちへ向《む》けてゴーシュを見《み》ました」とありますが、みんながこうしたのはなぜだと考《かんが》えられますか。

（　　　　　　　　　　　　）

(4) 線《せん》エ「十日前《とおかまえ》とくらべたらまるで赤《あか》ん坊《ぼう》と兵隊《へいたい》だ」とありますが、この言葉《ことば》は、ゴーシュのどんな変化《へんか》を表《あらわ》していますか。

（　　　　　　　　　　　　）

ひとりで書《か》けたかな？　これがカンペキな答《こた》え方《かた》だよ！　これを覚《おぼ》えようね！

そうすれば、次《つぎ》からはカンタンに100点《てん》が取《と》れるよ！

第5章

# 作文が面白いように
# スラスラ書ける
# 5つのミラクルポイント

# 「表現するチカラ」を身につけてこなかった東大大学院卒と元京大生

作文や読書感想文を書こうと原稿用紙を前にしたものの、一行も書けずにぼんやりとしているわが子を見ているうちに、急にイライラしてきて思わず、「さっさと書きなさい！」と怒鳴ったことはありませんか？

夏休みの読書感想文から中学入試の課題まで、作文力が必要とされる機会が増えてきました。

**私のセールスポイントの一つが「作文指導法」**ということもあって、多くのお母さんがその指導法に興味を示されます。

一番多いのが、「どうすれば、作文がうまくなりますか？」という問いかけですが、なかには、「作文が書けるようになると、何かいいことありますか？」と聞かれることもあります。

結論から言うと、作文は非常に大切です。国語の総合力だからです。作文には、国語の要素がすべて含まれるので、作文をひと目見れば、その子の国語力のレベルはだいたいわかります。

作文力とは、自分の感情や意見、考えなどを言葉や文章で伝える「表現するチカラ」です。

作文力では、「自分の言いたいことを整理し、きちんとした文章で相手に伝えること」が求められます。子どもが将来、社会に出て活躍するためには、自分の考えを文章で表現する機会が増えます。

たとえば、中学や高校、大学入試でも作文や小論文が出題されますし、大学に進学しても、レポートや論文を書きます。

就職活動のエントリーシートや志願理由書、自己推薦書などでも、「表現するチカラ」が試されます。社会に出れば、毎日、仕事相手にメールを書いたり、資料をつくったり……。言いたいことを整理し、きちんとした言葉で相手に伝える力がなければ、入試はもちろん、就職や仕事の打ち合わせだけでなく、友人とうまくコミュニケーションを取ることもできません。社会生活で、「表現するチカラ」の必要な場面を挙げていけば、キリがないほど重要です。

子どもたちはこれらを「生き抜くチカラ」に育て、知識と知恵で社会を生き抜いていきます。

ところが、最近、「生き抜くチカラ」が乏しい大人が増えているのを、実感しています。

私の塾の例を挙げましょう。

おかげさまで当塾には、たくさんの方から塾講師への応募をいただきます。

東京大学大学院を卒業して、高校教師になる準備をしているという方を面接したときのことです。指導経験がなかった彼は、自信たっぷりに、私にこう売り込んできました。

「ぼくの東大大学院卒のブランドで、あなたの塾のレベルが上がりますよ」

と言うと、足を投げ出して座り、延々と自分の東大大学院卒業までのストーリーを語り出したのです。イヤな気持ちになった私は、

「残念ですが、ご期待に添えません」とお断りしました。

すると、「ありえない。ありえない……」と小声で何度もつぶやきながら、次第に彼の表情がこわばり、明らかに焦っているのがわかりました。

印象的な思い出が、もう一つあります。京都大学卒の方でした。

面接の時間に遅れたことを謝りもせず、言葉づかいや態度も悪かったので、不採用にしました。すると、玄関のところで立ちすくみ、なかなか帰ろうとしません。そして、「ぼく、京大なんですけど……。なんで断られるんですか？　理由を教えてください」と言うと、急に頭を抱え込み、その場にうずくまってしまいました。

彼らは、相手の気持ちや立場を尊重しながら、自分の気持ちや考えを伝える術《すべ》を知りませんでした。成績はよかったのでしょうが、**うまく相手に伝える「国語力」をみがいてこなかった**ようです。

これは優秀な青年たちが学歴のほかに、自分のアピールのしかたや礼儀やマナー、言葉づかいの大切さを知らなかったために、損をしている実例です。

社会に出ると、「生き抜くチカラ」は必須ですから、きっと苦労するでしょう。

東大、京大に合格するために、一心不乱に勉強すること。晴れて、入学、卒業を経て社会人になることは、素晴らしい人生の選択肢の一つです。同時に職業の選択肢も広がります。

でも、学歴だけを売りにしては、これからの時代、生き残れないことは周知の事実です。

私の塾を例にして振り返ってみても、高学歴の講師のすべてが子どもを伸ばせたわけではありません。

一方的な上から目線の指導では、子どもの心は開きません。

**子どもの目標を見つけ、励まし、ねぎらい、実力アップをともに喜べる講師が、子どもの心をギュッとわしづかみにしていきます。**

## 小5からの作文力アップが「難関校合格&英語日本一」を生んだ！

「『国語力』を小学校のうちに身につけておいて、本当によかったです！」

小5から受験対策で、国語力と作文のために当塾に通った**安《あ》部《べ》育《いく》帆《ほ》さん**のお母さんは、しみじみとそうおっしゃいました。

育帆さんは、私の塾のほかに、合唱団やミュージカルにも挑戦する、チャレンジ精神旺盛な中学2年生です。

育帆さんは、**倍率10倍以上の超難関公立中高一貫校に合格したあと、当塾採用の全国版**

**学力テストで1万445人中1位となり、「英語日本一」**に輝きました。

育帆さんが私の塾のことを知ったのは、小5の12月。保護者セミナーに参加した育帆さんのお母さんは、大手学習塾とは違って少人数というのが気に入り、入塾を決めたそうです。育帆さんには、はじめての塾通いになりました。

育帆さんには自信がありました。元々作文が得意だったこともあり、学校の先生に作文をほめられることが多かったそうです。

でも、私の塾の課題では苦戦しました。はじめの2、3行は書けるのですが、そのあとが続きません。

いまでも印象に残っているのが、『メディアリテラシー』について、自分の考えを書いてみよう」というもの。メディアリテラシーとは、「パソコンやテレビなどのメディアを使って、情報を得て利用していくこと」です。塾では、毎回、授業で作文の課題を説明してから書いてもらいますが、学校の作文では前向きに取り組む育帆さんも、このときばかりは行き詰まってしまいました。

「作文が難しい……、全然、書けないよ！」

育帆さんの言葉を聞いたお母さんは、

「ずいぶん、難しい作文のテーマだな。きっと大人でも大変だろうな……」

と思った半面、

「でも、西角先生の塾では、受験のためだけじゃなくて、社会に出ても通用するように教えてくれているのだな」

と感じたそうです。そして育帆さんに、

**「『メディアリテラシー』って何だろうね。難しいっていうことは、自分で調べて考えようってことだよね」**

と励ましました。

その言葉で落ちついたのか、作文をくりかえし書きはじめました。

その後、育帆さんは1日3本、作文を書くようになり、その経験が育帆さんにもお母さんにも自信を生んだのです。受験が近づくにつれて、育帆さんが取り組んでいた作文の宿題が増えていきました。

お母さんは、試験前まで励まし続けました。心の底から育帆さんのがんばりをたたえながら、超難関校への合格を祈り、声をかけ続けたのです。

**「ここまでがんばったなら、何があっても満足だよね！　でも、大丈夫！　あれだけやったんだから。絶対に書けるから！」**

その努力が実って、見事合格！

「受験前は悪夢ばかり見て、最悪だったの」

いま、育帆さんはそう笑いますが、それほど一所懸命に努力しました。

合唱団で活動したり、ミュージカルに挑戦したり……と活発な育帆さんですが、「前にも増して積極的になり、物怖じしなくなりました」

とお母さんは感じています。

いまもお母さんは、入学願書に貼るために撮影した育帆さんの顔写真を持っています。

ふだんより育帆さんの顔がキリッと引き締まっていました。

その顔写真を見ると、一所懸命勉強したわが子が、誇らしく思えてくるのです。

## 「作文力」が子どものやる気と夢を引き出す

子どもたちが国語を勉強することで「生き抜くチカラ」を身につけ、社会で活躍してほしい。

私はいつもそう思っています。

私の塾では「私の好きな色」などのシンプルなタイトルから「地球温暖化」のような新聞の一面を飾る難しいテーマまで、広い範囲でタイトルを選び、作文の課題にしています。

よい作文を書くためには、事前の学習が必要です。タイトルについてインターネットや本で調べ、自分の実体験や考えを具体的に掘り起こす時間が必要です。

さまざまなテーマを自分で調べてみるうちに子どもたちは、社会や世界に意識が広がり、興味がわいてきます。

そして、それが子どもたちの夢へとつながっていきます。それを引き出していくのです。

私の塾の子たちは、作文を通してさまざまな夢を抱いています。

●図書館で見つけた本を読んで、戦時中、6000人のユダヤ人を救った日本人外交官・杉原《すぎはら》千畝《ちうね》を知り、外交官になりたいといったタダシくん。
●翻訳家になって、『ハリー・ポッター』のようなみんなが楽しめる外国文学を、日本の子どもたちにたくさん紹介したいというユミコさん。
●テレビのニュース番組で、発展途上国の児童労働の現実を見て、将来、国際ジャーナリストになって国際問題を伝えたいと考えているモモコさん。

このように、さまざまな夢があふれています。

夢はいつ変わってもいいのです。一つにしばられる必要はありません。

小学生や中学生時代に作文を通して見つけた夢や目標は、子どもたちにやる気を与えます。

やる気がみなぎってくると、目標を達成しようと一所懸命に勉強します。その夢が興味や関心の幅を広げていきます。

作文力によって、子どもたちの世界が一気に広がっていくのです。

みずから調べて書いた作文には、子どもたちの「夢を引き出すチカラ」があります。

## 子どもの個性がキラリと光る「ニシカド式作文指導法」

私の指導法は、いたってシンプルです。

**「子どもの個性をキラリと輝かせる」**


私は、これにこだわり続けています。子どもには、大人にはない視点の鋭さがあります。奇想天外だったり、感動したり、時には残酷に感じることもありますが、できるだけその他大勢にうずもれないように、人と違ったものの見方や考え方を活かすように指導します。

小学生の作文の内容は、どうしても大人の行動パターンに組み込まれるため、正直なところ、作文内容に特別大きな差は出ません。

**事実を列挙するだけの箇条書きのようなありふれた内容になりがちですから、必ず自分の体験やエピソードを入れ込むように指導**しています。

できれば、カッコいいところやほめられたところばかりでなく、**失敗してしまって、泣きたくなったり、逃げ出したくなったりするような体験も正直に書く**ほうが、子どもの個性が際立《きわだ》ちます。

## 作文がみるみるうまくなる5つのミラクルポイント

塾では最初に、**原稿用紙の使い方**をカンタンに説明します。

学校では縦書きの原稿用紙を使用しますが、私の塾では**横書きの原稿用紙**を使います。

注意点は、1行目に作文のタイトルを書き、**頭3マスをあけて、4マス目から書きはじめる。**2行目に名前を書き、**名前の後ろは2マスあける。**書きはじめと内容が変わるときは**最初の1マスをあけて、2マス目から書きはじめる。「」の前後は改行**する、などです。

以下、「ニシカド式作文指導法」の5つのミラクルポイントを紹介します。

## ①字の美しさ、濃さをアピール

作文は濃い字で書いたほうが、しっかりとした印象を与えます。鉛筆の濃さは、**Bか2B**がいいでしょう。

## ②誤字・脱字はないか？

学力低下による漢字のまちがいが増えています。わからないときには、すぐに確認します。うろ覚えの文字をノートに書いてしまうと、まちがえて覚えてしまうので、自信がない場合は、書く前に必ず辞書で調べるか、先生に聞きましょう。

## ③言葉のきまりに注意しているか？

- 主語と述語は対応しているか
- 文章が長すぎないか
- 敬語を正しく使えているか
- 否定的・消極的・批判的など、一方的な表現はなるべく使わない
- 作文のまとめ部分は一般論ではなく、自分はどう考えるのかという視点で書く

（例……**「みんなが○○すればいいと思います」**ではなく、**「私は○○したいと思います」と書く**）

- いつ、どこで、だれが、どのように、何を、どうした、といった文章の基本要素をきちんと踏まえて文章を書けているか

- 自分の気持ちや行動の理由をていねいに説明する

（例……「うれしかったです」→なぜ、どのようなことがうれしかったのか。「○○しました」→なぜそのような行動を取ったのか。「すごいと思います」→何が、なぜすごいと思うのか。を書く）

- 同じ文末表現が続いていないか

（例……思います。感じます。します。やります。できます。など……）

## ④構成は出だしに勝負をかける

「起承転結」は、内容の展開が遅いので、**「結→転→結」**の順序で書くこと。

特に**文章の出だしを工夫する。目安は、7行目まで（140字）に、読み手を引きつけるような工夫をする。**考えつかない場合は、本や新聞などを参考にし、「読むチカラ」

に意識を向けて、情報収集をする。

## （例）作文のタイトルが「私がうれしかったこと」の場合

●「私がうれしかったことは○○です」など、作文のタイトルと同じ書き出しはやめる

↓ 約8割の子がこの形で書き出すので、個性のない平凡な印象を受ける。

×（悪い例）⬇私がうれしかったことは、トウシューズを買ったことです。本当にトウシューズを買ってうれしかったです。

○（よい例）⬇ずっとはきたかったトウシューズ。お母さんにやっと買ってもらいました。さわるとつるつるしていて、思ったよりも硬かったので、ドキドキしました。一生の宝物にしようと思いました。

●作文タイトルの意味を理解する↓「うれしかったこと」とは、過去に自分がうれしいと感じたことが求められている。「いま、うれしいこと」や「たぶん、うれしいはずだ」など、現在のことや未来の出来事と混同しないこと。

×（悪い例）⬇私は、クラスのみんなが笑ったら、うれしい気持ちになると思います。

○（よい例）⬇みんながドッと笑った。そのとき、クラスが一つになったようで、私はとてもうれしくなった。

### ⑤個性を活かす

子どもの感覚や**子どもが自分たちでつくった言葉**などを活かしていく。指導者によるが、私の場合、「チョー」「バリ」「めっちゃ」「むっちゃ」「うぜぇ」などの言葉を使っている場合は、正しい言葉に訂正させる。

## ステージメソッド塾・小6生3人の作文と添削事例

次に、実際の塾生の作文と添削の様子を掲載します。

作文はもちろん、精神面でも成長を感じた3人の小学6年生の作文を選びました。

タイトルは、「ぼく（私）の好きな四字熟語について」と「あなたは困難な問題にぶつかった時にどうしますか」です。

私の塾では、**同じタイトルのものを複数回書かせます。**「推敲《すいこう》を重ねる」というように、文章は一度だけでなく、何度も書いて練るほど、よい文章になるからです。

ひとり目は、柏木《かしわぎ》亮介《りょうすけ》くん。彼はお父さんの仕事の都合で、幼稚園時代の2年7か月をアメリカですごしました。

お母さんは亮介くんのことを、「創造力が豊かで工作が大好き、運動も得意です。英語は少しできますが、国語力が弱く、苦手意識があって、文章、特に長い文章は、読むのも書くのもおっくうになりがちで、漢字も弱いです」とおっしゃいました。

小4で入塾したときには、作文がなかなか書けずに、2～3行で提出していましたが、いまでは書きあげる時間も相当早くなりました。

彼独自の視点に立った考え方が面白いです（ここでは、第1回目と第3回目の提出を掲載）。

柏木亮介くん（第1回目）

ぼくの好きな四字熟語について

柏木　亮介

ぼくの好きな四字熟語は、一期一会です。~~1期1会の意味~~「1生に1度きりしかない出会い~~や人生に一度限りのたとえ」というのです。~~~~なぜそれを選んだのかというとちょっと~~前1人で家に帰ろうとした時、だれかがころんでいました。ぼく~~は~~声をかけたらおき上がりました。それでぼくにおれいをいってくれました。~~そうしたこと~~も~~今では~~一期一会なんだな～と思いました。~~こういうことは大切だと思ったから一期一会にしました。ほかにもいい四字熟語はあったけど、一番いいと思ったのがこれでした。~~

ぼくは、ほかにももうひとつこういうことがありました。

5月ぼくは自転車に乗って大けがをしました。その時、近くにいた人がぼく~~の大けがの所の傷ついた所~~をてあてしてくれたのでうれしかったです。さらにお母さんに電話もして

20×20

（添削）
- タイトルの前は3マスあける
- 名前の後ろは2マスあける
- GOOD!（ぼくの好きな四字熟語は、一期一会です。）
- 四字熟語ですから漢字にしましょう（1生に1度）
- 文字はマス目におさめましょう（出会い）
- これは（「1生に…」の前）
- という意味です
- 漢字にしましょう（1人）
- 以（前）
- 、（1人で）
- 転んで（ころんで）
- どこで？
- 起き（おき）
- が（ぼく~~は~~）
- 誰に？（声をかけたら）
- 礼（おれい）
- 言って（いって）
- この出会い
- 手当て（てあて）

転んだ　　なぜ？

くれたので助かりました。近くにいた人のお
かげでぼくは~~なおり~~ました。~~ほか~~の~~日~~、ぼく
はころんだ所にいってみるといなかったので
ぼくは~~これも~~一期一会だと思いました。

助かり　そ　後　あの出会いも　行って　だれが？

※作文の冒頭で「ぼくの好きな四字熟語は、一期一会です」と、テーマに対する結論がはっきりと書けている点がいいですね！
また、「一期一会」という四字熟語に関する柏木くんのエピソードがしっかり書けている点もいいです。
最後のまとめ部分で、柏木くんが今後、この「一期一会」という言葉から学んだことをどう活かしていきたいのかを書くと、作文がグッと引き締まりますよ！

20×20

柏木亮介くん（第3回目）

ぼくの好きな四字熟語について

柏木　亮介

ぼくの好きな四字熟語は、一期一会です。これは、「一生に一度きりしかない出会い。」という意味です。

以前、一人で家に帰っていた時、JRの芦屋駅で転んでいる人がいました。心配になってぼくはその人に
「だいじょうぶですか。」
と声をかけました。すると、その人は起き上がり、ぼくにお礼を言ってくれました。ぼくは、その時にほっとしました。この出会いは、一期一会なんだと思いました。

一方、ぼくが知らない人に助けられたこともあります。今年の五月、ぼくは自転車に乗っていて大けがをしました。その時、近くにいた人がぼくの傷を手当てしてくれました。そのおかげでぼくは、助かりました。その後、ぼくは助けてくれた人にお礼を言いたかったので、その場所に行ってみました。しかし、

20×20

その人はもういなかったので、あの出会いも
一期一会なんだと思いました。
　今後、一期一会という言葉を頭に入れて、
困っている人を助けたいです。

※よくがんばっていますね！　第１回目の作文に比べて、エピソードの説明がていねいになりました。
作文のまとめとして、「一期一会という言葉を頭に入れて、困っている人を助けたい」と、四字熟語から学んだことが書かれている点もとてもいいですよ。
人との出会いは一期一会だからこそ、柏木くんは今後、出会った人とどのように関わっていきたいのか、という視点からもう少し文章をふくらませると、さらによい作文になるでしょう。この調子！

20×20

2人目は、太田優《おおたゆう》さん。優さんは、自治体のバドミントンクラブや市内の合唱団で活動しながら、国語力を伸ばしています。

お母さんは優さんのことを、「長所は、授業中に積極的に発言したり、課題に取り組んだりできることですが、短所は壁にぶつかると、すぐにあきらめてしまうことです。自発的に家庭学習をする習慣がついていないので、困っています」とおっしゃいました。

子どもたちには、作文が書けなくて提出できない子がいますが、優さんは毎回、提出し続けています。

この作文では、「一陽来復《いちようらいふく》」という言葉に出会い、それを前向きなエネルギーに変えて、自分の力にしたのがよく伝わります。

精神的にも、困難を乗り越えようとする強さが出てきています。四字熟語が彼女を成長させた一例です（ここでは、第1回目と第3回目の提出を掲載）。

太田　優さん（第１回目）

×タイトルの前は３マスあけ、枠内に収めましょう！

×名前の後ろは２マスあけましょう！

私の好きな四字熟語について　太田　優

GOOD!

私は「一陽来復」という四字熟語が好きです。

この四字熟語の意味は、苦難が続いたあとには、幸運がおとずれるもの、という意味です。（「この四字熟語の意味」→「これ」）

なぜこの四字熟語が好きなのかというと、こんなエピソードがあったからです。（削除）短く言い切る！

私はバドミントンを習っていて、試合にもたくさん出場しましたが、いつも良くない成績でした。（「いて、」→「います。」）私はもういやでいやで、バドミントンをやめたいと思っていました。でも、七月二日に行われた試合で優勝したのです。

この間に何がありましたか？

私はこの時、苦難が続いたあとは、幸福がおとずれるものなんだ、と思いました。

このエピソードにつながる四字熟語が、「一陽来復」なのです。（削除）

苦難が続いたあとの幸福。それは自分も、周りの人もすがすがしい気持ちになれると思います。

清々しい

だから、私は「一陽来復」という四字熟語が好きです。

20×20

※冒頭で、好きな四字熟語とその意味をしっかりと書けていますね！　バドミントンのエピソードにより、作文に太田さんの個性が表現できている点も、とてもいいです。バドミントンの試合で優勝できたことと、「一陽来復」という四字熟語との関係をもう少し詳しく説明すると、エピソードと作文のまとめがうまくつながりますよ！　さらに、この体験から学んだことについても書いてみましょう。

太田　優さん（第3回目）

私の好きな四字熟語について

太田　優

苦難が続いた後には幸運がおとずれるという意味を持つ「一陽来復」。

私はこの四字熟語が大好きです。

私はバドミントンを習っています。試合にもたくさん出場しましたが、いつも良くない成績でした。私はとても落ち込み、バドミントンをやめようかと迷っているときに、「一陽来復」という四字熟語に出会い、強く心をうたれました。そして、バドミントンを続けて次の試合では絶対に勝とうと思いました。そしてついに、七月二日に行われた試合で、優勝出来たのです。私はとても嬉しくて、この四字熟語に出会えて本当に良かったと思いました。

私はこのような四字熟語にとても励まされました。だから今度は私が、悩んでいる人や落ち込んでいる人たちを、この一陽来復という四字熟語を使って励ましてあげたいです。

20×20

※今回の作文では、エピソードとまとめの部分がうまくつながりましたね！　第１回目の作文よりも、太田さんの気持ちの変化がていねいに説明できている点もとてもいいですよ。がんばっていますね！

「〜した」で終わる文章が続いていますが、同じ文末をなるべく続けないことが文章を上手に見せるコツです。

そういった点も意識してみると、さらによい作文になりますよ！

最後は、第3章で「国語&算数日本一」のエピソードで取り上げた南ありささんです。

国語と算数の同時日本一に輝くまでに、彼女に多くの壁があったことを感じます。

入塾当初、お母さんにありささんのことをうかがったところ、「好奇心旺盛で、目立ちたがり屋。ほめればほめるほど、やる気を出すタイプですが、ダメだと思うとあきらめも早い。もう少し忍耐強くなってほしいです」とおっしゃいました。

最近の作文を読むと、ありささんがいつも身の回りに起こっていることを真剣に受け止めて、乗り越えようとして成長した様子がうかがえます。

そこにはお母さんへの絶対の信頼があり、国語力とともに、「生き抜くチカラ」が育っています。

ここでは、ありささんを例にしましたが、日々学習指導していると、子どもたちの心には、お母さんへの信頼が根づいていることを痛感します（ここでは、第1回目と第3回目の提出を掲載）。

南ありささん（第1回目）

「あなたは困難な問題にぶつかった時にどうしますか」

同じ言葉は何度もくりかえさないようにしましょう。

南　ありさ

人は生きていく上で色々なことを経験します。楽しいこと、悲しいこと、色々とあります。これらを乗り越えてこられたから地球に人がいるのです。乗り越えられない困難はありません。しかし、だれでも困難にぶつかることはあるでしょう。

私が、困難にぶつかった時は、必ず母に相談します。例えばこんなことがありました。

な問題

5年生の時、私は卓球クラブに入っていました。でも、他の子は上手な子ばかりだったので、ラケットの持ち方さえ教えてくれませんでした。そこで、私は母に相談してみると、母が学校の先生にたのんで、卓球をクラブで教えてもらえるようになりました。さらに母は、中学生の時に卓球の部活に入っていたので、母にも卓球を教わることができました。このような出来事があってから、私は、何で

どうしてそう思ったのか説明しましょう（例卓球をするのがはじめてだったなど）

何を？

頼んで

20×20

も相談すれば解決につながるんだなと~~思い~~〔学び〕ました。だから私は困難にぶつかったら〔まず母に〕相談し~~ようと思ったのです~~〔ます〕。~~そして、~~〔相談相手に〕母を選んだ理由は、母はだれより信頼でき、~~だれよりも~~いつも見守っていてくれるからです。そして、私はふだん何気ないところでも困難にぶつかって、そして母に相談しているということ~~を知り~~〔に気づき〕ました。~~それは~~〔たとえば〕学校の宿題などの分からない間〔問〕題が出た時です。そう考えると、他にも色々なところでも、私達は困難にぶつかり、乗り越えていっていたのです。

　そして、困難にぶつかったとしても、解決の方法を考え、実行すれば、~~初めに述べたように~~どんな困難でも乗り越えられると思いま〔す〕~~した~~。

どうやって？

※南さんにとっての「困難な問題」とは何か。そして、その対処法について自分の体験をもとに具体的に書いている点がとてもいいですね。テーマもしっかりつかめています。この調子！

20×20

南ありささん（第3回目）

「あなたは困難な問題にぶつかった時にどうしますか」

南　ありさ

人は生きていく上で数多くのことを経験します。楽しいことや悲しいことが、数え切れないほどあります。これらを乗り越えられたから地球に人がいるのです。だれでも困難にぶつかることはあるでしょう。乗り越えられない困難はありません。

困難な問題にぶつかった時、私は、必ず母に相談します。5年生の時、私は卓球クラブに入りました。卓球をするのが初めてだった私は、卓球が上手な子たちに比べてラケットの持ち方さえ知りませんでした。私は自分だけ置いてきぼりにされたように悲しかったのです。それを母に正直に話してみました。すると、母が学校の先生に頼んで、クラブでラケットの持ち方や立ち方を教えていただけるようになりました。さらに母は中学生の時に卓球の部活に入っていたので、母にも教わる

20×20

ことができました。このような出来事があってから、私は何でも相談すれば解決できることを学びました。私は何か悩んだらまず母に相談します。母はいつも私の相談相手になってくれます。それは、母はだれよりも信頼でき、いつも私を見守ってくれるからです。私はこの他にも学校の宿題などたくさんのところで悩み、そこに合った方法で解決していたのです。

　たとえ、困難な問題にぶつかったとしても解決の方法を考え、実行すれば、どんな困難でも乗り越えられるのです。

※「あなたは困難な問題にぶつかった時にどうしますか」という作文テーマの問いかけに対し、「私は、必ず母に相談します」とハッキリと自分の答えを示している点がいいですね。
正しい敬語表現が使えている点もとてもいいですよ。
また、「私は自分だけ置いてきぼりにされたように悲しかったのです」といった表現にも、南さんの工夫を感じました。よくがんばりましたね！
この調子でどんどん作文を書いて、「書くチカラ」を伸ばしていきましょう。

20×20

# 作文力が弱い帰国子女が、なぜみるみる上達したのか？

**藤原あみさん**は、お父さんの仕事の都合で、北京に3年間暮らし、日本人学校に通っていました。はじめは言葉や文化に慣れずに、不安な毎日を送っていましたが、積極的に多くの人とふれあっていました。

小6のときに、あみさんは帰国しました。

私があみさんのお母さんにはじめてお目にかかったとき、

「中国に長く滞在していたので、どうしても『国語力』が弱い。文章を書くにしても、言葉を並べているだけ。性格的に弱い子なので、日本での友達関係がうまくつくれない。イヤなことをイヤと言えない……」と悩まれており、

「あみの可能性を信じてはいるのですが、それをうまく引き出せないんです」

とおっしゃいました。

実は、帰国したばかりで、お母さんもあみさんの生活環境の変化にとまどっていたので

す。

あみさんは、笑顔がかわいい聡明な女の子でした。でも、お母さんのおっしゃるように、少し気が弱く、人と競争するのが苦手でした。元々成績は悪くなかったのですが、気持ちの上がり下がりが激しく、不安定な面が見られました。

彼女に必要なものは、自信でした。

「ステージメソッド」――「オン・ザ・ステージ」。ステージに立って発表することで、人の目に慣れ、堂々とした態度を身につける学習法――私の造語です。子どもの学力をつけるだけでなく、精神面の成長への願いもこめました。それが私の塾名の由来です。ですから、私の塾では表現力を鍛えるため、みんなの前でスピーチやパフォーマンスをしてもらいます。作文を書いたあとも、みんなの前ではっきり聞こえる大きな声で読み上げて、自分の考えや意見を伝えるのです。

あみさんにも、積極的に塾生の前でスピーチしてもらうことにしました。

そして、あみさんのお母さんには、協力をお願いしました。

「お母さん、あみさん、大丈夫ですよ。どうかお母さんも前向きに、あみさんを励ましてください。きっと自信がつきますから」

ある日、作文の宿題をしていたあみさんが「作文がうまく書けない」と泣き出したそうです。お母さんは、

**「大丈夫！ あみなら、きっと作文がうまくなるよ。大丈夫だから！」**

と励まし続けました。

あみさんは、泣きながら作文を書き続けました。

ある日、お母さんのところへ、あみさんがかけ寄ってきました。難問が解けたのです。あみさんは問題集を持ってお母さんに見せながら、

「お母さん、できた！ できたよ！ 見て！ 最近、勉強が楽しい!!」

と言ったそうです。

お母さんは「こんなに変わるとは思わなかった」とおっしゃいます。

字もきれいになり、作文も上達してきました。そして、徐々にほかの科目の成績も上がっていきました。

変わったのは成績だけではありません。

あれほどお母さんが心配していた**あみさんの性格が、とても打たれ強く、時にはたくましさを感じるようになりました。友達との接し方も変わり、自信もつきました。**

急に遊びに行こうと誘われても、それまでは、宿題の途中でも手を止めて相手に合わせていたのに対して、

「いまは、宿題をやらなくちゃいけないから。終わってから行くね」

と自分の気持ちを友達にしっかり伝えられるようになったのです。

## 大切なのは、「お母さんの国語力」

兵庫県下の超難関の中高一貫校に合格したあみさんは、入塾から10か月後、**全国版学力テストで100点満点を取り、1万1444人中1位で、「英語日本一」**に輝いたのです。

そして、その6か月後の同じテストでも1万3608人中1位で、再び「英語日本一」に——。「国語力」を鍛えた結果、あみさんに本物の学力がついた証《あかし》でした。

私は、とても大切な言葉をあみさんのお母さんにいただきました。

「私、子どもが大変なときこそ、励ます言葉をかけてやりたいのです。先生、大切なのは**『お母さんの国語力』**ですね」

「お母さんの国語力」——。

国語とは、共通の言語です。言語とは、言葉そのものです。

子どもは成長するまでに、いろいろな言葉を話します。そのなかには、うれしかったり、腹が立ったりすることもあるでしょう。

でも、お母さんに国語力があれば、いろいろな伝え方ができたり、受け止め方ができたりするので、子どもも言葉に意識を持ってくるでしょう。

子どもを思わないお母さんはいません。

**お母さん自身が国語力の大切さに気づいたとき、子どもの成績が上がる以上に、お母さんの人生が好転しはじめるかもしれません。**

エピローグ

# 私を救った母の言葉

「愛別離苦《あいべつりく》」

私の忘れられない四字熟語の一つです。愛する人との別れる苦しみを意味する言葉で、私はこれを最愛の母との別れで学びました。

いまから10年前。2月末の寒い日のこと。

「今年は梅が見たいねん。おかしいなあ。いつもは桜が見たいのに……」

風邪をこじらせて体調を崩していた母が、こうつぶやきました。

母は桜が何より好きで、私の家族とお花見することを毎年楽しみにしていましたから、桜より梅が見たいと言ったことで、私は少し違和感を覚えました。

「お母さん、外は寒いよ。いま梅を見に行くと長引くよ……」

と私が返事をすると、母はそのまま黙ってしまいました。

その3週間後、母は亡くなりました。

「けい子ちゃん……、苦しい……」

いまにも途切れそうな声の電話があった4時間後、搬送先の病院で、息を引き取りました。

さっきまで元気で微笑んでいた母が、変わり果てた姿で病院のベッドに横たわっているのが、私にはどうしても信じられませんでした。

大正生まれで、財界人の祖父を持つ母は、恵まれた環境で育ち、いつでも凛とした姿勢のよい女性でした。しかし、中小企業の経営者だった父と結婚後、母の人生は一変しました。苦労の連続で波乱万丈の人生でした。

教育熱心だった母は、子どもの教育を最優先してくれました。父の会社の経営が傾いたときは、生まれてはじめてのパートに出て、家族を支えてくれました。子どもの教育費のために、自分の身を削りながら、私に教育をつけてくれる母の小さな後ろ姿や言葉がけに、私は励まされて、教育の大切さ、尊さを学びました。

そんな母の死――。

お通夜、お葬式、初七日、四十九日……。ずっと泣き続けました。

「お母さん、なんで死んだの？」と母にくりかえし問いかけました。突然の別れに、私はとまどっていました。

うまくいかないときに私のグチや文句を聞いてくれたり、登校拒否をしたときも母は私を見守ってくれました。

母は、私をずっと許してくれて、受け入れてくれていたのです。

そんな母の死を突きつけられた私は、後悔の気持ちに襲われました。

「私は母の命を無駄に生きたのではないか。母の想いに応える行動をしていたのか。あれだけ一所懸命育ててくれたのに、私は１２０％の力で生きていなかったんじゃないか」

中途半端な自分を責めていました。

ふと気がつくと、私はマンションの14階にある自宅のベランダに立っていました。

じっと地面を見下ろしていると、思わず、吸い込まれそうな気がしました、
手すりに手をかけた瞬間――母の声が聞こえたのです。

「何してんの。あなたがしっかりせんと、どうすんの！」

思わず、ハッとしました。

母の声でした。時にはやさしく、時には厳しく……。

「あなたやったら、できる、大丈夫！」

「人生って、本当になるようになるものやから」

母の笑顔といままでかけてくれた言葉がよみがえりました。

そして、気がついたのです。

「あかん、私も、２人の子の母親だった……」

と。そして、決めたのです。

「母親の道を本気で歩いていこう……」と。


お母さんが赤ちゃんを抱いたり、幼児に話しかけたりする姿は、周囲からは「幸せの道」に見えるかもしれません。でも時には、「いばらの道」に変わります。わが子を心配し、思い悩み、苦しみ、孤独で泣きたくなることもあるでしょう。

でも、その向こう側には、お母さんしかたどりつけない幸せの領域があります。

お母さんは、子どもが無条件で信頼を寄せる絶対的な存在です。

**子どもにとって、代わりのいない世界でただひとりのお母さんなのです。**

子どもは、将来、社会に出たあと、**「お母さんの言葉」を支えにして、社会で生き抜きます。**それを私は、母の死という体験から実感しました。

講演会や保護者セミナーでは、お母さんからこのような言葉をよく聞きます。

「私、高校しか出ていません」

「学生時代、遊んでばかりいたので……」

「普通の主婦なので、たいしたことないです」

けれども、子どもにとってはたったひとりのお母さんなのです。

「国語力」を鍛えれば、成績がぐんぐん伸びると、くりかえしお話ししてきました。

でも、それだけではありません。

**「国語力」は、すべての科目を支える〝幹〟**です。

子どもに、「お母さんの言葉」という栄養を与えれば、どんな挫折や失敗を経験しても、決して折れない、しなやかでたくましい幹が育ちます。

1日5分、お母さんが手伝ってあげるだけで、子どもがこの社会を「生き抜くチカラ」が身につきます。

お母さん自身がそれに気づいてください。

どうか、小さな一歩をはじめてください。


国語力をつけることは、子どもたちの幸せな人生につながります。

それを伝えたい気持ち一心で、この本を書きました。

この本によって、ひとりでも多くの子どもたちの成績がアップし、お母さんが悩みから解放されて、笑顔になれればと願います。


最後にこの本には、たくさんの方のご協力をいただきました。

数え切れない学習塾のなかから、私の「ステージメソッド塾」を選んでいただき、大切なお子さまを預けてくださる保護者のみなさま、快く取材にご協力いただいた方々。笑顔がかわいくて、伸びしろいっぱいの塾生たち。

子どもたちに一所懸命、よい授業をし続けてくれる豊島万希江さん。どんな仕事にも誠実で前向きに取り組み、期待以上の成果を挙げてくれる川崎義人さん。常によい教育環境を保てるように支えてくれるステージメソッド塾の事務局のスタッフたち。

私のアイデアの数々を応援してくださるダイヤモンド社の寺田庸二さん。装丁の石間淳さん。カメラマンの堀内慎祐さん。本文デザインの有限会社ムーブ・新田由起子さんと川野有佐さん。イラストレーターのDio GRAFICO 眞鍋美華さん。恵まれたご縁があったからこそ、この本を出すことができました。


自分の生涯をかけて、仕事の厳しさや尊さを教えてくれた父。「お母さん」の役割の大切さをみずからの行動で示してくれた母。「あなたがたの娘でよかった」と思います。いつも冷静で客観的なアドバイスをしてくれる夫、すこやかに成長している娘と息子にも感謝しています。

そして、最後までお読みいただいた読者のみなさま、本当にありがとうございました。多くのみなさまに幸せと笑顔が広がりますように。

[著者]

**西角 けい子**（にしかど・けいこ）

大阪生まれ。学習コンサルタント、ステージメソッド塾代表。

日本有数の大手学習塾の激戦区、兵庫県の西宮北口エリアで、「ニシカド式勉強法」により、普通の成績だった塾生の８割を２年連続「全国トップクラス」に、２割を「学力日本一」（全国版学力テスト）に育てる。

「お母さんの言葉がけ」と、「暗記力」「ノート力」「作文力」アップを重視した「ニシカド式勉強法」は定評があり、倍率10倍以上の超難関公立中高一貫校に、６年連続地域No.1の合格者を出し続けている。片道３時間以上かけて通う小学生も複数出るほどの人気ぶり。

また、自身の子育て体験から、わが子の教育に悩むお母さんへ勉強法や成績アップのアドバイスを行い、「子どもはお母さんのために勉強しています」と言い切る保護者セミナーは、人気が高く、常に満席が続いている。

１男１女の母。著書に、『子どもの成績は、お母さんの言葉で９割変わる！』（ダイヤモンド社）がある。

【ステージメソッド塾】
http://stage-m.com/

**すべての成績は、国語力で９割決まる！**

**—たった5分の言葉がけで、子どもがひとりで勉強しだす秘密—**

2011年９月15日　第１刷発行

著　者 ——— 西角 けい子
発行所 ——— ダイヤモンド社
〒150-8409　東京都渋谷区神宮前6-12-17
http://www.diamond.co.jp/
電話／03･5778･7234（編集）　03･5778･7240（販売）

装　丁 ——— 石間 淳
撮　影 ——— 堀内慎祐
本文イラスト ——— 眞鍋美華（Dio GRAFICO）
本文デザイン･DTP —— ムーブ（新田由起子、川野有佐）
製作進行 ——— ダイヤモンド・グラフィック社
印　刷 ——— 堀内印刷所（本文）・共栄メディア（カバー）
製　本 ——— ブックアート
編集担当 ——— 寺田 庸二



ISBN 978-4-478-01680-0

【参考文献】


・財団法人 日本漢字能力検定協会編『漢検四字熟語辞典』(財団法人 日本漢字能力検定協会)
・広田栄太郎+鈴木棠三編『類語辞典』(東京堂出版)
・反対語対照語辞典編纂委員会編『活用自在 反対語対照語辞典』(柏書房)
・小学教育研究会編著『国語自由自在(小学3・4年)』(増進堂・受験研究社)
・小学教育研究会編著『国語自由自在(小学高学年)』(増進堂・受験研究社)
・教学研究社編集部編『力の5000題　小学高学年国語』(教学研究社)
・学研教育出版編『わかる!できる!応用自在 国語 改訂版』(学研教育出版)

# 暗記シート 20

好きな色をぬって
自分だけの暗記シートを
つくってくださいね！

| 名前 |
| --- |
| |

❶ お皿の上に おはじきを 並べてね！
❷ 暗記することを 声に出しながら おはじきを 表に並べよう
S
T
すごいね
やったね

| | | | | | | | | | |
| --- | --- | --- | --- | --- | --- | --- | --- | --- | --- |
| スタート！ 1 | 2 | その調子！ 3 | 4 | 5 | 6 | 7 | 8 | 9 | あと半分！ 10 |
| おみごと！ 20 | 19 | 18 | 17 | 16 | 15 | 14 | 13 | 12 | 11 |

巻末付録

やる気120%!

# 子どもがたちまち大変身する「ニシカド式授業」初公開！

20×20

## 「笑顔」と「集中」――子どもたちの顔には、ドラマがある!!

「こんにちは!!」 授業時間前になると、教室にはあいさつをする声があふれます。子どもたちは自分の席に着くとすぐに、その日の出来事を伝えてくれます。うれしそうだったり、しょんぼりしたりしながら、身の回りで起こった事件を話してくれます。友達と遊んで、思いがけず盛り上がったことからお母さんに叱られたことまで、話題はさまざまですが、ひとしきり話し終えたら、**「ひとりde学習」**をはじめます。授業開始までの時間、黙々と自習をしています。

## 自由に学習できる現場で、子どもたちを思いっ切り伸ばす!!

　私は子どもの表情が大好きです。笑顔だったり、泣きそうだったり、ふくれていたり、その時々の感情でくるくる変わります。子どもたちのがんばり度は、手に表れます。本編でもご紹介しましたが、私の塾では「まっくろ大作戦」という「書く暗記トレ」があり、それを真面目にやっていると、手がまっくろになるのです。**「ノートもまっくろ!!　手もまっくろ!!」**それが合い言葉です。自分の可能性を信じて、キラキラ輝く子どもたち。達成感いっぱいの笑顔。子どもたちが自分を認める瞬間です。素直で純粋な子どもたちとの出会いに、いつも感謝しています。

**さあ、特別公開授業をはじめましょう！**

暗記の前に、まず、正しい読み方チェック。

ニシカド：「一緒に読もうね。用意はいい？
1.2.3.4」

子どもたち：（写真の四字熟語を左から読んでいく）「単純明快《たんじゅんめいかい》」「天地創造《てんちそうぞう》」「自画自賛《じがじさん》」「創意工夫《そういくふう》」「大同小異《だいどうしょうい》」「大器晩成《たいきばんせい》」「油断大敵《ゆだんたいてき》」「明朗快活《めいろうかいかつ》」「一意専心《いちいせんしん》」「臨機応変《りんきおうへん》」

ニシカド：「よくできました！　じゃあ、これは？（突然質問する）

子どもたち：「自画自賛《じがじさん》」

ニシカド：「じゃあ、これは？」

子どもたち：「油断大敵《ゆだんたいてき》」

ニシカド：「全部読めたね。それじゃ、次の暗記法に行こうね」

子どもたち：「ふうせん、やりたい!!」「私もふうせんがいい」

ニシカド：「じゃあ、ポンポンふうせんで、四字熟語チェック!!」

子どもたち：「やったあ!!」

## 授業風景①／「ポンポンふうせん」暗記法（ゴムふうせん編→70～71ページ）

子どもたちは、好きな色のふうせんを選んで、ふくらまします。

このなかには、「国語日本一」「全国トップクラス」の子も多いです。

ふうせんをふくらませたら、いよいよ暗記法に挑戦。

ルールは一つ！

必ず、大きな声で四字熟語をくりかえしながら、ポンポンすること。ふうせんを下に落とした人は、即アウト!!

## 授業風景②／「ポンポンふうせん」暗記法（紙ふうせん編 →70～71ページ）

紙ふうせんもルールは同じ。ゴムふうせんとのちがいは、ポンポンするときの手触り感。なつかしい雰囲気に包まれます。一番人気は地球儀の紙ふうせん。これで世界地図を覚える子もいます。スイカの紙ふうせんも飛んでいますね！

## 授業風景③／「ぴこぴこハンマー」暗記法（番外編）

本編の暗記法は、家庭でできるものばかりをご紹介しましたが、大人数で盛り上がる暗記法もあります。いままで未公開のものをご紹介します。私の授業では、**子どもたちの「動」と「静」を意識して、カリキュラムをつくっています。**子どもたちのエネルギーがはち切れる暗記法です。

下の写真は小6クラス。いつも「男の子チーム」と「女の子チーム」に分かれて、知識を競います。

女の子：「わあ、ドキドキしてきた!!　何の四字熟語かな？」
男の子：「今日は、絶対取るぞ！」
女の子応援団：「がんばれ～!!」
男の子応援団：「いけるぞ。がんばれ!!」

### いよいよ、スタートの時 !!

ニシカド：「準備はいい？　四字熟語の自画自賛
　　　　　ようい、スタート !!」
男の子：「よっしゃ～ !!」
女の子：「わあ、どうしよう～」

男の子：「取ったぞ !!　自画自賛 !!」
女の子：「ザンネン !!　もうちょっとやったのに～」
ニシカド：「男の子チームの勝ち !!」

## 授業風景④ /「パチパチおはじき」暗記法（→ 72 ～ 73 ページ）

**キラキラあざやかな色のおはじきが、子どもの暗記をサポートする‼**

「なんだ、こうすれば、カンタンに覚えられる‼」「テストの点数がこんなに上がると思わなかった‼」――子どもたちの驚きの声が聞こえます。暗記法を身につけた子どもたちの成績は急上昇します。ただ難点は、単調なこと。いろんなパターンの暗記法を組み合わせれば、飽きずに覚えていけます。ルールは、カンタン！　声に出して自分で決めた回数をくりかえす‼　だけ。

## 授業風景⑤ / カチカチカウンター暗記法（番外編）

私の塾の子たちは、みんな「My カウンター」を持っています。カウンターとは「数取器《かずとりき》」のことで、人の手で計測物の数量を素早く数え上げるための道具です。野鳥の数の計測や、人や車両の種類を計測する交通量調査などで使われています。電子式のものもありますが、カチカチと確実に数を刻めるこのカウンターは、子どもたちに人気です!!

## ニシカド式作文指導法の舞台裏①――個人添削

**作文添削は、ひとりずつ、ていねいに赤字を入れていきます。**

　できるだけ個人を対象にして、アドバイスやメッセージを与えます。気をつけていることは、その子の個性を活かすこと。自分の考えは押しつけないことが大切。いろいろな視点でアドバイスをします。

## ニシカド式作文指導法の舞台裏②——作文コンテストの日

「私がうれしかったこと」——この日の作文タイトルです。今日はアヤネさんに作文を読んでもらうことにしました。「どう読めばいいんですか？」と少し不安げなアヤネさんに、「大きな声でね。大丈夫だから!!」と声をかけ、背中を押しました。ほかの子どもたちは、オレンジ色のカードを持っています。作文を聞いて、「感動した!!」「よかった!!」と感じた人はカードをあげて、感想を伝えるしくみにしています。

アヤネさんの作文に５名の子たちが、「よかった」と、オレンジ色のカードをあげました。

## 「ステージメソッド塾杯」トロフィー授与

「問題集が一番に終わった‼」「漢字が一番美しく書けた‼」学力テストだけでなく、子どもたちの身の回りの「一番」を応援すると、子どものやる気がアップします。こうやって徐々に自尊心につなげたり、自信をつけたりしていきます。

友達が結果を出したら、必ず祝福するように伝えます。悔しくても、妬《ねた》んだり、ひがんだりして、人の悪口は言わないこと。それから、人の倍以上、努力することを伝えます。

## 子どもたちのノート——宿題を書くためのスケジュール帳がいつの間にか自分の応援団に!!

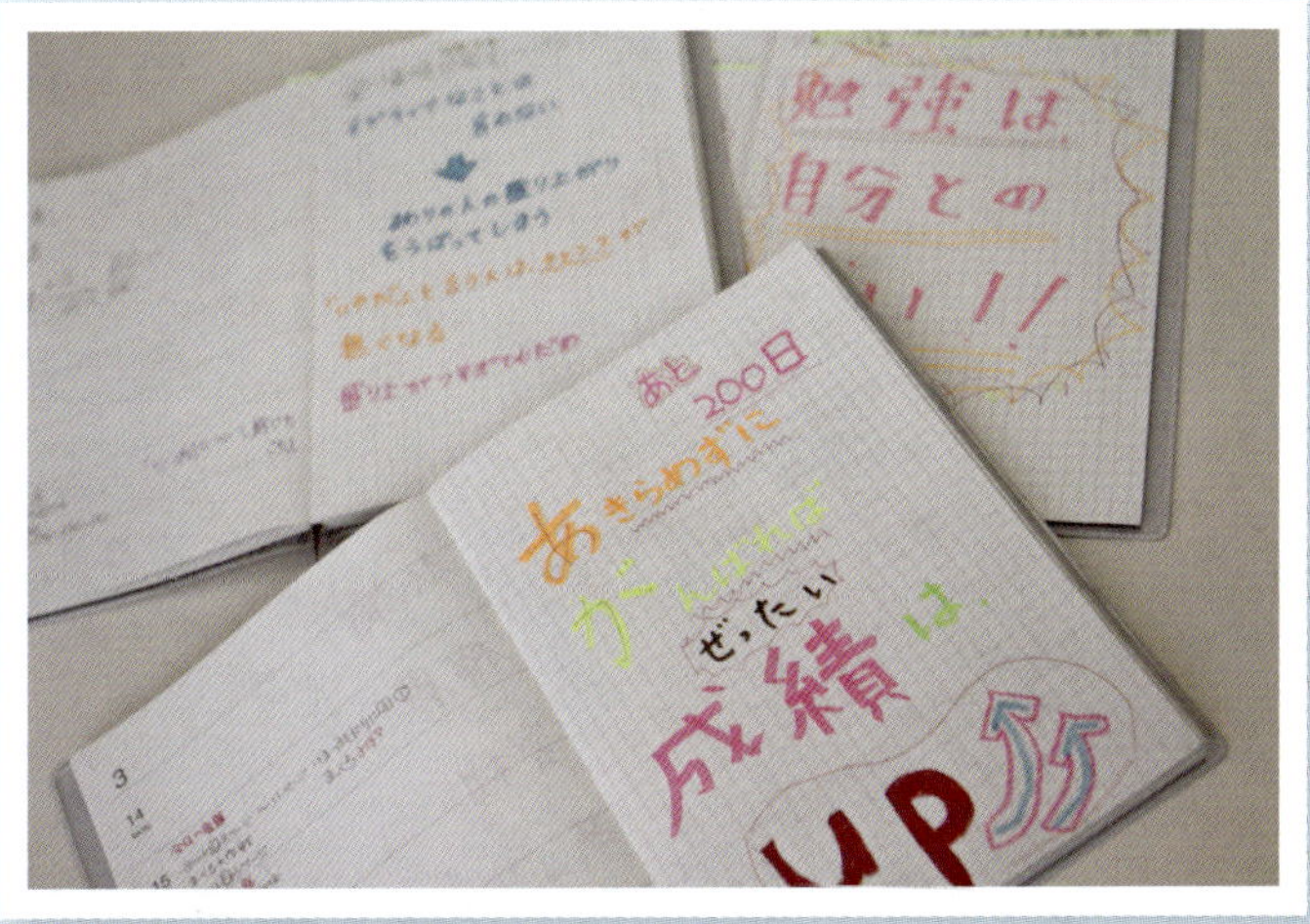

## 子どもたちには、できる限り前向きな言葉をかける!!

「大丈夫、あなたならできるよ、きっと!!」「日本一になれたのは、お父さんやお母さんのおかげ。言葉にして感謝を伝えようね」「成績が上がったからといって、油断したり、気を抜いていると、すぐに下がっちゃうからね」「マイペース、いつもどおりで!!」

## 笑顔が財産!!
## ――1分1秒でも早く学習の楽しさを感じ取ってほしい!

受験に合格するだけの学習でなく、自分の夢や職業につながって、社会貢献を考えられるような教育が私の願い。教育は尊い!! 学習できる環境に感謝!! そんなことを授業中に、子どもたちに伝えています。